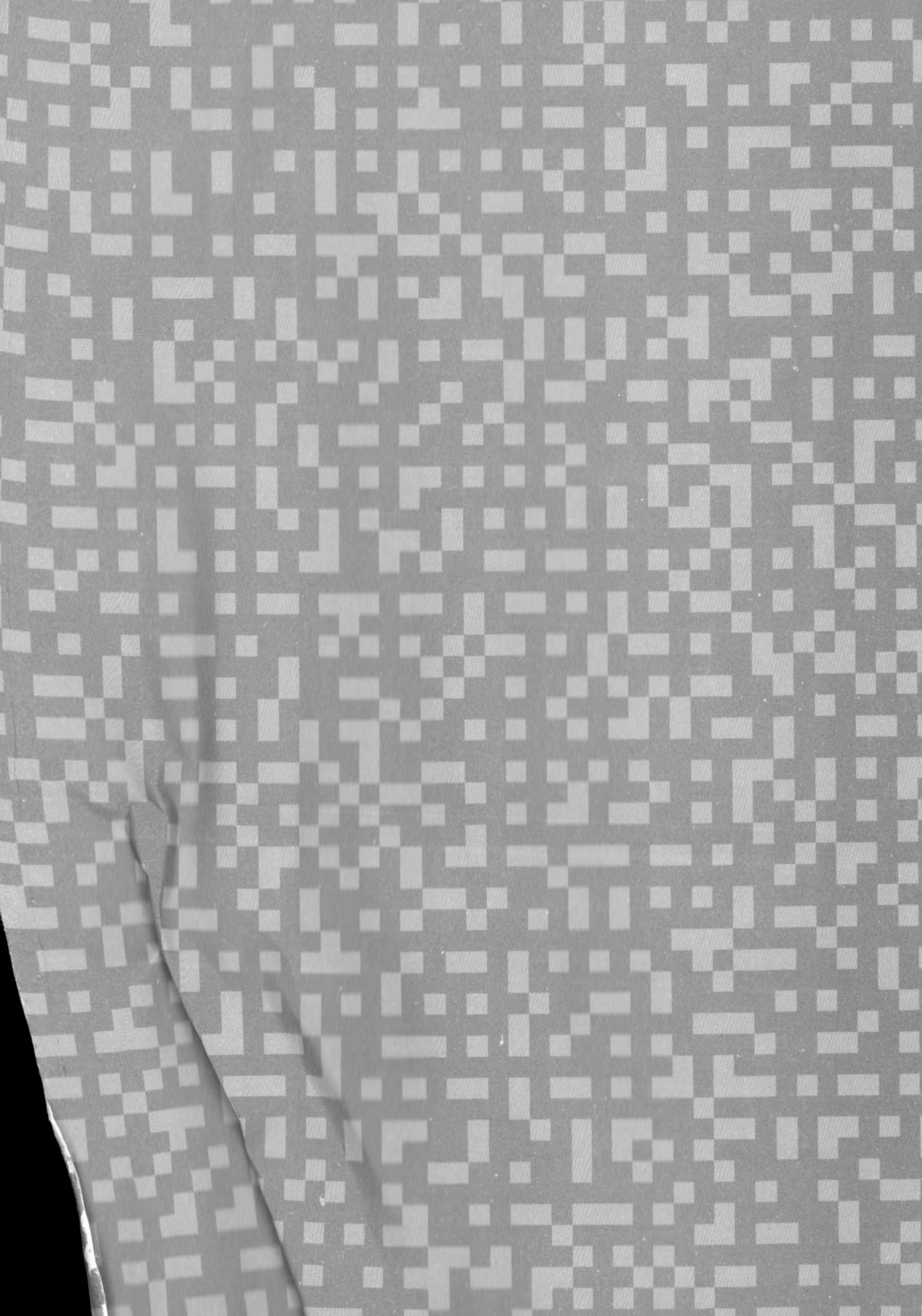

FEAR TRAPS

ESCAPE THE TRIGGERS THAT KEEP YOU STUCK

走出恐懼牢籠

打造大腦新迴路，不再因為害怕失敗、孤獨、未知、衝突而人生卡關

社會心理學暨臨床心理學博士
南希・史戴拉 NANCY STELLA——著　葛窈君——譯

方舟文化

佳評如潮

史戴拉博士融合了最尖端的神經科學、上千年的冥想實踐和數十年的臨床經驗，指引那些被自身恐懼困住而在原地打轉的人，為他們提供希望和具體的指導。不管是青少年、成年人或老年人，都能從本書中獲得突破性的理解和清晰的導引，有系統地擺脫感覺無法逃脫的焦慮和恐懼。

——李察・瑞克曼（Richard Reckman）博士，俄亥俄州心理學會前主席

史戴拉博士是自尊方面的大師。她讓我們最深層的恐懼變得易於接近和克服。當我們感到渺小、動彈不得時，她提醒我們是能夠自己作主的成年人，我們的能力遠遠超出我們的想像。

——瑪麗安・魯賓（Marian Rubin），獨立社工師

這本書是被恐懼困住的每一個人必備的寶典。

——西莉亞·奧立佛（Celia Oliver），
社會心理學暨臨床心理學博士，新罕布夏州心理學會主席

史戴拉博士在這本書中描繪出常見的恐懼之根源所在，並且更進一步羅列出絕妙而詳細的框架去對付這些恐懼。對於任何想要提高自尊和自我效能感的治療師或患者來說，本書是絕佳的資源。

——萊恩·施密特（Ryan Schmidtz）醫師，施密特精神科診所

史戴拉博士的書充滿希望，記錄了多位案主的人生故事，他們採用「塑造勇敢大腦」療程去辨識、應對並克服使他們陷入困境的模式。我自己也採用了史戴拉博士的方法重塑我的情緒矩陣，親身實證其改頭換面的力量，使人煥然一新。我得到的直接結果是更多的

韌性、幸福感和發自內心深處的快樂，這是我一直以來的救命繩索。

——大衛．福瑞斯特（David Forrester），情緒治療矩陣創始人

常與創傷反應連結的污名被史戴拉博士去除了，她專注於幫助個體變得堅強，提醒他們確實擁有足夠的力量和內在資源去創造積極的變化，無論是在生活中還是在人際關係中。這本書提到的方法，我已經有在使用，本書以強而有力的方式結合了這些方法，讓人們可以自己獨立運用，也能夠更容易參與治療過程。

——黛安．賴提莫（Dianne Latimer），臨床心理學博士，註冊心理醫師

史戴拉博士的「塑造勇敢大腦」療程使複雜的概念變得如此容易理解。她的方法讓我有勇氣面對生活中不可避免的挑戰，不再因過去的傷害而不斷被觸發。透過運用她的策略，我解放了自己，擺脫了以往讓我活得謹小慎微的完美主義以及害怕被拒絕的恐懼。現

在我能夠追求新的機會，也能自在分享自己的感受。

——凱洛琳・沃特斯（Carolyn Walters），情緒治療矩陣教師

大腦處理恐懼的方式真的可以改變，本書將清楚告訴你如何做到。

——琳達・麥康（Lynda McConn），臨床專業諮商師

在閱讀的過程中，我多次感覺到史戴拉博士戳中了我的內心，但卻不會讓我因為自己的困境感到羞愧。她那種雷打不動、安然自在的態度能夠喚醒人發揮自己的潛力。常常感到焦慮的人，請你深呼吸，然後開始閱讀這本書。這本書就是為你而寫，能夠有效幫助我們平靜下來，因為它深深根植於大腦研究和現實生活。史戴拉博士展示了如何實際改變焦慮大腦的生理結構，光是她呈現這個科學發現的方式就已經能使我們感覺更輕鬆。

——卡門・貝瑞（Carmen Berry），社工碩士，《紐約時報》暢銷書《拒絕受傷》作者

對於那些被恐懼和焦慮所困的人來說，本書是舉足輕重的自救手冊。史戴拉博士講述了許多案例和個人故事引發讀者的認同與信服，同時指引讀者如何繞過大腦的恐懼中心，形成新的神經通路——這就是「塑造勇敢大腦」療程的精髓。她建議的冥想練習架構不僅僅從行為和認知的角度出發，同時兼顧經驗和關係，幫助讀者創造持久的改變。各種取向的治療師都會發現這是對案主有幫助的輔助工具。

——卡蘿・黎曼（Carol Lehman）博士，臨床心理學家暨精神分析師

簡單但能夠改變人生，適用於各種日常情境。

——露西・艾倫（Lucy Allen），社工碩士暨獨立社工師，PsychBC前臨床營運長

這正是我一直在尋找的書。史戴拉博士以最新的神經科學研究為基礎，讓我們用一種簡明的方式去理解大腦運作，並且提供了可以根據個人情況輕鬆量身打造的具體步驟，相

信能讓我的案主按圖索驥，緩解嚴重干擾生活的焦慮感。這本書無疑會成為我的治療指南，引導我治療焦慮和恐懼的案主。

——凱絲琳・格蘭特（Kathleen Grant），臨床心理學博士，臨床心理學家，辛辛那提專業心理學會前主席

謹以此書獻給展現悲天憫人胸懷的布魯克林

Contents
目錄

引言
塑造勇敢的大腦

沒有人喜歡感到害怕，但事實上，恐懼本身並不是問題。當我們感到害怕時，腎上腺素飆升，刺激我們立即行動，這種反應可以救命。我們會逃跑（flee）、戰鬥保護自己（fight），或是凍結僵住（freeze）使對手失去攻擊的興趣。等到危險過去，逃過一劫，我們的身體會自動放鬆，恢復平靜自信的狀態。

雖然恐懼的目的是拯救我們的生命，但持續的恐懼會造成嚴重的傷害。日復一日困在恐懼的牢籠中會讓我們萎縮，無法成為我們原本應該成為的樣子。你曾經有過這樣的感受嗎？你並不是唯一一個有這種感受的人。

許多案主在第一次來找我時，經常表達自己對生活中常犯的錯誤和痛苦模式感到多麼無助。一旦被困住，我們會在焦慮的循環中反覆打轉，過度反應的自我挫敗模式會破壞我們的人際關係、職業生涯和健康。在數十載的工作生涯中，我看到數以百計的案主被長期恐懼奪走了快樂和健康。有些案主已經治療了許多年，有些則嘗試過多種療程但始終未能解決他們的困境。傳統的方法為什麼不是對每個人都能奏效，直到最近都還是個謎。

然後我自己，身為一名治療師，竟然也落入了恐懼的牢籠，而且被困了好幾年。這讓我困惑！畢竟，我應該是那個有答案的人。我以為我了解大腦是如何運作的，我以為我知道如何從創傷中走出來。然而，恰好相反，成人生活中最低谷的時刻，讓我知道自己錯過了一些重要的東西。為了案主，也為了我自己，我開始尋找缺失的東西。

我花了許多年研究自我挫敗模式與大腦活動之間的關係，得到的一個關鍵啟發是：在心理治療發展初期，治療師認為獲得洞察力是實現轉變的最佳方法。在實務上這意味著治療師會要求人們一遍又一遍講述創傷最深的故事，直到對這些故事產生洞察為止。

然而，比較新的大腦科學研究解釋了為什麼這種方法有時弊大於利，非但沒有幫助人們獲得足以激發轉變的洞察，反而反覆觸發大腦的恐懼中樞，而且沒有增強大腦的勇氣或韌性。人們帶著深刻的恐懼和創傷前來求助，離開時卻再次受到創傷而不是得到積極的轉變，這種情況並不少見。

好消息是，關於人類大腦最新的研究結果糾正了這種治療方式。更棒的是，科學證明，只要有意識地持續努力，你可以改變你的大腦，擺脫困境。你我都能有意識地塑造出勇敢的大腦，不再受困於永恆的恐懼循環程式。

這個消息真是太美妙了！但我知道僅有這項發現還不夠，我的案主們正深陷困境，我知道那些低潮會讓人感到多麼難以承受，他們需要簡單、容易實行的步驟。

因此，我創造了「塑造勇敢大腦」（Courageous Brain Process, CBP）的六步驟療程，克服舊的觸發因素並培養出新的勇氣。這六個步驟引導我們在大腦中實際刻劃出新的神經傳導路徑，這意味著我們可以避開過去的創傷經歷所創造的舊路徑，不再被困住！

「塑造勇敢大腦」療程幫助我度過了人生的多個階段，曾經我還以為自己永遠無法走出那些風風雨雨。我也與無數的案主分享了這個療程，他們都切實體驗到了扭轉人生的結果。如果你感到陷入反覆的恐懼和無法逃脫的失敗，我想向你保證，「塑造勇敢大腦」療程可以讓你重獲自由，透過一而再、再而三的實際行動和心理聚焦，你將能夠改變大腦處理恐懼的方式，從而改變你的人生。

為了充分利用這本書，我建議各位從頭到尾讀一遍，因為每一章都建立在前一章的基礎上。如果某一種特定恐懼對你來說格外困難，我會建議你多讀幾遍該章節中的敘述。

人的一生中可能會受到許多種恐懼的困擾，我挑出了我最常在案主身上看到的六種恐懼：害怕孤獨、害怕被拒絕、害怕起衝突、害怕被忽略、害怕失敗、害怕未知。只要學會了如何應付這些恐懼，就能舉一反三去調適你可能遭遇的其他恐懼。

你有機會重新想像你的生活。「塑造勇敢大腦」療程將使你能夠做出不同的選擇，為你的人際關係、目標和個人生活開拓成功的新道路。

跟著本書介紹的步驟去做，你將有能力：

- 找出你目前恐懼的根本原因
- 確認你為什麼會被觸發、怎麼樣會被觸發
- 客觀評估你的情緒，而不是被情緒控制
- 擺脫舊的、自我挫敗的行為
- 學習使用工具來幫助你用健康的方式應對
- 規劃你想要的生活，準備好面對新的挑戰

請和我一起踏上旅程，走向力量和自由，不再受困於恐懼的牢籠。

健康的恐懼

健康的恐懼是為了讓我們盡快脫離危險。因為感知到危險而觸發交感神經系統時，我們的呼吸會變得又快又淺，心跳加速，血液從內臟流向四肢，讓我們可以快速做出反應。一旦威脅解除，我們的身體應該會回到平靜或幸福的狀態。當我們處於放鬆狀態時，副交感神經系統啟動，心跳變慢，血液從肌肉流向內臟，呼吸變得更深。我們回歸平靜的狀態，這種狀態能夠促進理性思辨、同理心、健康和幸福。

ESCAPE
THE TRIGGERS
THAT KEEP
YOU STUCK

恐懼牢籠一號：
你害怕孤獨嗎？

一旦我們認識到自己的感受，一旦我們認識到自己能夠深深地感受，深深地愛，感受到喜悅，就會要求生活的每個部分都產生這樣的喜悅。

——奧德麗．洛德（Audre Lorde）

FEAR
TRAPS

那是一個尋常的星期五下午，也是我身為心理治療師的休假日，我在花園裡忙碌，享受獨處的時光。陽光明媚，我戴著遮陽的寬邊草帽，挖掘著前方的花圃準備種植鳶尾花。

快要完成時，我聽到家裡的電話響了，於是匆忙跑進屋內，電話那頭是小姑安娜的聲音：「南希，你和蓋瑞訂購了新家具嗎？」我可以輕易想像得到，她那對深綠色雙眼之間的眉頭正深深皺起，她困惑時總是這樣。

「沒有啊，我們沒訂家具。怎麼啦？」

「喔，鎮上的一家家具店打電話給我，問我是不是訂了一些東西。顧客的資料缺失，他們不知道怎麼樣找到了我，我猜是因為我和我哥同姓。」

我愣住了。「他們說訂購的顧客是誰？」

「一個名字叫做貝瑞的人。」

「反正我們沒有在那家店訂購任何東西。」我撥開落在眼前的頭髮。

「你要不要打個電話給他們確認一下？」安娜問。

我同意了，撥了電話讓家具行知道東西不是我們訂的，然後回頭去種我的鳶尾花。

我認識蓋瑞是在念研究所的時候，他是英俊年長的教授，讓我立即感到安全和被接納，很容易信任他的愛與忠誠。四年後我們結婚，然後領養了兩個女嬰，一個來自宏都拉斯，另一個來自瓜地馬拉。那是一段幸福的時光，我們成為一個幸福的家庭。或者說，我以為是這樣。

挖著挖著，我突然想到「貝瑞」可能是和我丈夫的名字「蓋瑞」搞錯了。只是，他為什麼要買家具卻不告訴我？接著我靈光一閃，一個比我頭頂的太陽更明晃晃的事實擺在眼前。蓋瑞買家具是因為他要住在別的地方，在我們和兩個女兒的家之外的地方。我試圖阻止自己的思緒快速拼湊在一起，但一切卻如此輕易地水到渠成：與我結婚二十年的丈夫有外遇。

蓋瑞經常晚歸（「開會開太久」），他的衣櫥空蕩蕩的（「我把衣服放在汽車後備箱裡，這樣去健身房比較方便」），他去歐洲出差時聯繫不上人（「我住的公寓沒有電話」）。這些跡象一直在增加，但我卻視而不見，聽而不聞。然而這一天，在花園裡，我再也無法逃避現實：蓋瑞肯定有另外一個住處，他買家具就是為了佈置他和小三的愛巢。

我無法自制地哭倒在泥土地上，再也無法否認蓋瑞的背叛。這是壓垮我情緒的最後一根稻草，就在花園裡，我徹底崩潰了。他辜負了我的信任，他有了另一個愛人，我與他建立的生活是一場騙局。

然後更可怕的事情發生了，我感覺我的心破了一大塊，全身被黑暗吞噬，一陣恐懼感席捲而來。沒有他我要怎麼活下去？

我忘記了時間，不知道在後院哭了多久。幸運的是，我在女兒放學回家之前恢復鎮定，像往常一樣迎接兩位少女回家，彷彿什麼都沒改變。我們像生命中其他任何一天一樣度過了這個下午，我照常給她們吃了點心，然後女孩們回房間寫作業、聽音樂。

趁著女兒忙著做自己的事，我走進主臥室打算把這裡變成我一個人的臥室。我安靜地拿出一個行李箱，打開他那一側的抽屜，驚訝地發現裡面幾乎沒剩下什麼東西，有幾個抽屜完全是空的。我的悲傷變成了憤怒，對自己的憤怒，怎麼會有女人沒注意到自己的丈夫已經搬出去了？

再看屬於他的那一側衣櫃，唯一還掛在裡面的是幾件他再也不穿的襯衫、這個季節穿不到的一件厚外套和舊的登山靴。我把它們抓起來塞進行李箱裡，還剩下很多空間可以裝東西。我又去浴室掃蕩僅剩的少少幾樣殘餘物，然後迅速闔上行李箱。一陣古龍水香味撲面而來，是我已經熟悉到不行的他的氣味。然而，這個男人已經成了陌生人。我對自己很生氣，因為我讓他把我當傻瓜耍。

隨著太陽西落，我對自己的怒氣轉變成對蓋瑞的怒火，在心中熊熊燃燒。我把行李箱放在躺椅後面，等待他在晚餐前到家。我就像一隻貓，準備撲向毫無防備的老鼠。我豎起耳朵聆聽蓋瑞的車子駛入車道的聲音。果然，先是聽到了車聲，然後是車門關上的聲音。他還沒走到前門，我就拿起行李箱走出去攔住了他。

他對我笑了笑，就像每次回家時那樣。然後他的目光往下看到了行李箱。

「你所有的東西都在裡面。」我邊說邊把行李箱推向他。「去你那個地方住吧。」

起初他看起來很震驚，嘴巴開開像一條離水的魚。一秒鐘後，無奈的表情爬上他的臉龐，他意識到我終於明白了一切。

我帶著輕蔑說：「在我看來，這段婚姻已經結束了。」我表現得冰冷而平靜，似乎一切盡在掌控中。

平時能言善辯的他竟然無話可說。他沒有要求跟女兒說話。事實上，他根本沒有說半個字，只是默默拾起行李箱，轉身，認命地走回自己的車上。

我把女兒叫到客廳，她們進來時滿臉困惑。大女兒問：「那不是爸爸嗎？」我點了點頭，示意她們坐下。

我解釋了她們父親的所作所為，並且安慰她們：「他永遠是你們的父親。」然後又補充說：「但我將不再是他的妻子。」

兩個女兒並沒有我預期中那麼驚訝，她們比我更願意看見一直以來的各種跡象。我假裝很高興看到他離開，但是在假面具的背後，我並不覺得自己是一個可以照顧好孩子的成年人。我感覺彷彿時光倒流，童年的創傷重現，孤伶伶一人被父母拋棄。我的女兒等著我指引，我卻希望能有個成熟的大人走進來照顧我們三個人。我用平靜的聲音安慰她們，內心深處害怕著自己會完全崩潰。

恐懼的牢籠

離婚後有很長一段時間，我被困在恐懼的牢籠中，差不多有五年之久。這五年對我來說非常艱難，我的情況持續惡化，變得焦慮，質疑自己的能力和身分認同。儘管早已成年，但我感覺再次變成小女孩，茫然徬徨在這個混亂的世界，舉目無親。當時我還不明白我的大腦正在重新經歷童年被遺棄的深刻創傷，一心認為所有過去的恐懼述說著眼前的真實。我對自己失去了信心，不相信我有能力應對挑戰。

我的腦子裡塞滿了各種憂心忡忡的問題。我能活下去嗎？變成單親媽媽的我能養活自己和女兒嗎？我們會不會必須要搬家？我有能力幫助女兒度過這段可怕的時期嗎？

我感覺自己支離破碎。我想像著永遠躺在床上，什麼也做不了，無法面對那毀天滅地的背叛感。為什麼我沒看到這一切的發生？為什麼我對他的謊言如此盲目？我感到羞辱。我該如何面對這個世界？

現在回頭看，我清楚理解當時自己落入了恐懼的牢籠，具體而言是陷入了害怕被遺棄的恐懼牢籠。雖然那時候我已經是一名成功的治療師，但我還沒找到可以幫助自己的工具，我還有很多東西要學，然後才能解決深層的焦慮，為自己和女兒建構更好的新生活。而我後來學到的工具幫助我逃出了恐懼的牢籠，正是我要在這本書中要教給各位的工具。劇透一下：一切都歸結於你的大腦。

大腦是怎麼運作的？

自律神經系統負責「逃跑」、「戰鬥」和「凍結」反應。顧名思義，自律神經會自動做出反應，這個系統分成兩大部分。當我們放鬆和休息時，副交感神經系統開始運作，血液從肌肉流向內臟器官。當我們激動時，交感神經系統啟動，血液流向肌肉，心跳加快，釋放出能激發力量的激素，為潛在的危險或壓力情境做好準備。迷走神經是一組腦神經，與副交感神經系統協同作用，也能促進放鬆的反應。

了解大腦如何處理恐懼的基本知識至關重要。在本書中，我們將重點放在兩個大腦部分：杏仁核和前額葉。

杏仁核的體積不大，但在我們的生活中卻扮演著強大的角色，由兩個杏仁形狀的杏仁核體組成，分別位於左右半腦的顳葉中，控制著大腦的恐懼和壓力反應，影響記憶的儲存方式。杏仁核雖小但影響很大，在我們認為身體或心理生存受到威脅時，它就會出來當家主事。

前額葉恰如其名，位於大腦的前部，是我們推理、解決問題、與他人互動、調節行動和反應等能力的中心。嬰兒時期的前額葉尚未完全發育，隨著我們的成長，認知和推理能力跟著增強，到成年時，前額葉應該能夠充分發揮力量。

我通常把杏仁核稱為「恐懼中心」。如果你曾經閃避過疾駛而來的車子，或是曾經在遇到攻擊時尖叫著逃跑，你應該感謝你的杏仁核。在這種緊急情況下沒時間像在舞蹈課一樣思考：哦，我應該動這隻腳挪到這裡，動那隻腳移到那裡。在緊急時刻，杏仁核會跳出來主宰，讓你脫離險境。

遇到危險時，我們的大腦會自動賦權給杏仁核保護我們，切斷與前額葉的連結。這個機制很重要，因為我們需要立即對危險做出反應，而不是花時間考慮太多。等到威脅生命的危險過去之後，我們應該要能夠冷靜下來，恢復理性和解決問題的能力，有能力去處理發生在我們身上的事情。

記憶，尤其是創傷記憶，是透過神經通路（neuropathway，或譯為神經傳導路徑、神經迴路）記錄在我們的大腦中。你可以把神經通路想像成穿過草地的路徑，第一次走過草地時可能不會留下太多痕跡，但如果多次反覆走同一條路線，走過的地方，草會逐漸被踩平消退，形成一條路徑。我們的大腦在記錄想法和經歷時也是如此。

現在想像一下，一輛沉重的大卡車在同一條路上飛馳而過，輪胎深深陷入地表留下清晰的痕跡。痛苦的記憶就像是大卡車在你的大腦挖出深刻的印記，留下一輩子難以抹滅的神經通路。只要你的大腦被卡在這些神經通路中，就很可能會一遍又一遍重複那些自我挫敗的恐懼模式。

更糟糕的是，很多人在遭遇創傷經歷時沒有獲得所需的支持。我們的父母或照顧者不一定是不想幫助我們，而是小時候我們可能不知道如何表達需求，所以身邊的成年人不知道該怎麼伸出援手。

不過，也有可能是我們周遭的成年人自己從未學會如何在危機時請求幫助或冷靜下來，因此沒辦法教導我們。不管出於什麼原因，我們可能到長大成人後依然不知道在杏仁核接管時如何有效應對，不知道如何安撫自己讓大腦中更理性的部分重新啟動。

我有一個最重大的發現，就是：眼前的某件事或某樣東西，不管是可怕的事或甚至很平凡的事，都可能讓我們想起過去被傷害或處於危險的事件。觸發這種聯想的事物稱為觸

「眼前的某件事或某樣東西，不管是可怕的事或甚至很平凡的事，都可能讓我們想起過去被傷害或處於危險的事件。觸發這種聯想的事物稱為觸發因素，或者可以稱為地雷。」

發因素，或者可以稱為地雷。

被觸發時，儘管你現在並不處於危險中，但是杏仁核會像你的生命危在旦夕一樣做出反應，這是根據過去的危險而做出的反應。我們受困於杏仁核中留下的深刻傷痕，前額葉失去作用，無法實事求是評估狀況，也無法有效應對。取而代之的是誤判和過度反應，而且常常反覆發生。

活在過去的創傷中，把過去當成現在，會嚴重破壞我們的人際關係，阻礙我們達成目標，然而我們似乎沒辦法冷靜下來以其他方式回應。這種情境就是我所謂的「恐懼牢籠」。如果你不知道如何有效應對恐懼，可能會像我一樣被囚禁在恐懼的牢籠中長達數年，身心俱疲。

塑造勇敢的大腦

我個人的奮鬥帶來了一些好的結果，引導我找到了缺失的那一塊拼圖，讓我和我的案主在生活中體驗到真正的突破。

以前，治療師會要求案主翻來覆去講述造成最大創傷的故事，這種療法的理念是透過反思過去獲得洞察：看到從前看不到的東西，產生新的認識，獲得救贖。治療師相信光是洞察本身就能治癒創傷，這種理念並不完全錯誤，對過去經驗的洞察確實幫助了許多人邁向痊癒。然而，最新的大腦科學解釋了為什麼這種方法往往弊大於利，或是無法完整治療。原因就是這種方法無意中鼓勵案主反覆走過創傷刻劃出的路徑，非但沒有治癒的效果，反而使得神經通路被越踩越深，不斷把人拉回恐懼中心。

舊的神經通路告訴我們：「當你被觸發時應該這樣反應」，一遍又一遍，即使這種反應是自我毀滅性的。新的神經通路則說：「被觸發時不必每次都像以前那樣做出相同的反應。讓我們看看情況，再決定哪種反應能夠幫助你和其他人。」

塑造勇敢大腦療程（CBP）教人們如何在日常生活中實際創造這些新的神經通路，徹底改變了我面對挑戰的方式，而這些挑戰是生活中不可避免的。

以下就是這六個簡單的步驟，能幫助我們更快冷靜下來，在壓力時刻保持思路清晰，打破舊的惡性循環：

- 步驟一：講述你的故事
- 步驟二：找出你的地雷（觸發因素）
- 步驟三：描述自我破壞的模式
- 步驟四：想像最壞的情境
- 步驟五：塑造勇敢的大腦
- 步驟六：走出恐懼的牢籠

這六個步驟如何創造出新的神經通路使我們脫困？研究顯示，當我們重複練習控制自己的想法，大腦會發生實質性的變化。跟著我的療程做練習，就能創造身體實質的改變，引導你在壓力下的想法走上不同路徑。

這些新的路徑可以想像成高速公路的匝道，這麼久以來，你一直被迫行駛在這條公路上，現在終於能夠駛離或甚至換條路走，繞過多年前形成的深溝。這個療程已經拯救了我和許多其他人，從恐懼的牢籠中脫身而出。

乍看之下，這六個步驟簡單到令人難以置信，你可能會懷疑是否能夠像我宣稱的那樣在你的生活中起作用。但是，不要被看似簡單給騙了，塑造勇敢大腦療程確實是有效的。你將學會如何打破自我挫敗的循環，創造你想要的新模式。你將不再受到反射性反應的支配，而是能夠辨別觸發你的地雷，打破舊模式往前走，不再困在原地。

神經可塑性改寫了遊戲規則

我們其實可以改變大腦的結構和功能，這個發現顛覆了過往的認知，我們不必注定要走相同的老路。科學家和治療師先前認為神經通路（或神經網路）成年後就固定不變，但事實並非如此。自從發現神經可塑性，我們知道了大腦有能力改變神經傳導路徑，形成新的連結和模式，甚至能夠拋掉舊的連結和模式。

你可以改變你的大腦和人生，但成功需要你採取行動。至關重要的是，你必須不斷重複每一章的練習，不能只做一次就打住。就像要在草地上走出一條新路徑，關鍵是重複再重複，日積月累才能創造新的路，你將擁有全新的能力去面對和管理那些困住你的恐懼。在此邀請各位踏上這段旅程，這個療程簡單但確實有效，能夠實際改變你的大腦處理恐懼的方式，你將獲得前所未有的自信和能力。接下來我將用我自己的經歷讓各位看到我如何克服對孤獨的恐懼。

步驟一：講述你的故事

塑造勇敢大腦的第一步，是找到一個安全的地方講述你的故事。講述故事讓你有機會找出使你陷入困境的地雷。你可以用私密的方式講述故事，像是寫日記、畫畫、音樂或其他形式。但是為了實現最深層的治癒，最終必須講述給別人聽，講述的對象可以是治療師、精神導師、信賴的朋友或家人。我們需要在分享我們所經歷的事情時，感受到被接納和相信。講述的過程就是一種治療——來自於有人付出關心，專心聽我們說話。

我總是請案主告訴我他們過去的故事，理解過去有助於增強對現在模式的認識。當你講述你的故事時，不要糾結於是否「正確」。信任你的直覺，這是你的故事，用你的方式去表達就好。

我小時候和爸媽、妹妹跟奶奶同住。奶奶是義大利移民，身處英語世界渾身不自在，始終沒辦法把美國當成家。我五歲時父親突然過世，不久之後，母親陷入了絕望、成癮和酗酒的生活，我覺得一歲半的妹妹成了我的責任。我一直感受到奶奶的愛，我知道她試著保護我和妹妹，但她沒辦法保護我們不去感受到喪父的痛苦情緒，也無法保護我們免於母親反覆的遺棄，母親因為內心的痛苦和成癮問題時常進出精神病院。

我每天擔心奶奶也會出事，從上學離開家的那一刻到回家為止哭個不停。要是奶奶去世，我真不知道我和妹妹會怎麼樣。我太小了，沒辦法照顧妹妹和自己。雖然大多數孩子偶爾也會害怕，我卻一直活在被遺棄的恐懼中。這種情況稱為核心情感創傷：生命早期的創傷，在長大成人後仍持續影響我們。

步驟二：找出你的地雷

核心情感創傷被記錄在我們的大腦中，不僅影響我們的記憶，還影響大腦實際的結構。創傷記憶儲存在杏仁核，被觸發時大腦會發出錯誤的訊息：我們正處於與過去相同的危險程度。

突然之間我們被帶回到過去，重溫過去的創傷。我們可能甚至不記得具體的事件，但是在那可怕的經歷中感受到的情緒如排山倒海而來，於是我們對眼前的威脅過度反應，無法恰當應對。如果痛苦的記憶被反覆觸發，杏仁核真的會變大，影響力更強。我們會陷入困境，看不到出路。

我的第一個地雷：蓋瑞的古龍水香味

我完全有理由對丈夫的行為感到生氣和受傷，但是現在我把他的背叛，和我在收拾他衣物時聞到的古龍水香味連結在一起，這個味道不僅讓我想起他的所作所為，也讓我一秒回到童年的絕望之中，把我帶回我第一次經歷被遺棄和孤獨創傷的年紀。

「我知道自己反應過度，
但我無法停止這樣的反應。」

我坐在律師旁邊，感覺自己像個小女孩，而不像是一個成熟女性在談判離婚條款。那一刻我不再能夠按照我真實的年齡理性思考，而像個孩子一樣思考和反應。

氣味、聲音、觸感和味道都可能是觸發我們的地雷。看到某一種顏色、某一件衣服或其他會聯想到舊創傷的視覺提醒，就像踩到暗門（trapdoor），瞬間被拉回第一次受傷的年齡。

如果傷害發生在三歲時，你會像三歲的孩子一樣推理和做出情緒反應，而不像是今日你早已成為的成年人。如果傷害發生在十三歲，你會用青少年的大腦去思考，用青少年的情緒做出反應。如果是在二十二歲發生事故或遭受虐待，你會回到二十出頭，忘卻你這一輩子累積的智慧和成熟，做出的反應可能會嚇到你自己，也嚇到你身邊的人。

我的第二個地雷：蓋瑞在電話裡的聲音

我和蓋瑞通電話時，他的聲音成了我的地雷。耳邊響起的是那個我曾經完全信任的男人的聲音，我打算和他一起撫養女兒，一起變老。但是現在這個聲音讓我陷入絕望，再次感受到他的背叛和失去父母的痛苦。我一度難過到必須由律師代替我講電話，情緒強烈到根本沒辦法聽到他的聲音。我知道自己反應過度，但我無法停止這樣的反應。我覺得我快要發瘋了。

好消息是後來我知道我沒瘋，過度反應只是因為踩到情緒的地雷。我們可以學會辨識因為踩到地雷而觸發的特定情緒，知道自己的大腦陷入了恐懼模式。你可以創造一個新的模式，新的反應模式基礎不是童年時期的恐懼，而是你身為成年人的自信。

步驟三：描述自我破壞的模式

我們的大腦直到成年才發育完全，所以小時候養成的應對方法在長大後往往不太有用，這些方法必須隨著我們的年齡增長加以修正，從自我省思中獲得更多洞察。

踩到地雷被觸發時，過時的應對機制中的缺陷會被放大。這些小時候養成的行為模式破壞了成年後的幸福和成功，生活在被反覆觸發的危險中並不是一種美好的生活方式，也無助於我們建立穩定的關係。我們對自己的能力失去信心，不相信自己能像個成年人那樣應對生活的挑戰，似乎無論多麼努力總是在痛苦中原地踏步。

- 你以為這段關係會不一樣，結果卻是相同的老故事，有著相同的悲哀結局。
- 你以為終於找到了夢寐以求的工作，但是不久後就發現你的努力永遠得不到認可。
- 你以為已經與和十幾歲的孩子達成了共識，但是今天早上兩人又大吵一架。
- 你以為你已經原諒了配偶的苛刻話語，但你心裡還在生悶氣。
- 你以為只要夠努力就能靠著新計畫減肥，結果卻是減掉的體重不但再一次全部反彈回來，還又增加了一些。

常見的情況是，你在生活中的某些領域取得成功，但在另一些領域踩到地雷。你可能職業生涯光輝燦爛，但發現自己在親密關係中不斷失望。或者你可能婚姻美滿，但經常與上司或同事起衝突。為什麼你可以在生活的某些領域取得成功，但就是無法克服那一個不斷使你感到挫敗的問題？你被困在一個似乎無法解決的模式中。

自我破壞模式一：挫敗的自言自語

生活中發生危機時，感到沮喪是完全可以理解的：親人過世、失業、需要動手術，或其他無法避免的事件。找到安全的空間來消化悲痛，對於療癒的過程至關重要。處在壓力中時，許多人會尋求個人或團體治療的支持。一旦危機得到了適當的處理，我們會達到新的平衡，不再感到恐懼和害怕。

但我自己的經驗是有很多年無法平靜，被困在自我懷疑的模式和害怕被拋棄的恐懼牢籠中。從整個離婚的過程一直到幾年後，我都無法站穩腳步，這種持續的痛苦不僅僅是因為必須面對離婚和重新開始的現實，更是因為我未能妥善管理自己的情緒。蓋瑞離開我時，我已經是一個有能力的成年人；我必須重新獲得根據自己實際年齡行事的能力，而不是表現得像個害怕的小女孩。

我的腦子裡像往常一樣充滿負面的自言自語，不斷告訴自己：

- 沒有他，我活不下去。
- 沒有他，我該怎麼做決定？
- 大家一定都在嘲笑我花了這麼長時間才看穿他的謊言。
- 我到底有什麼毛病？
- 我再也快樂不起來了。

我越是這樣自言自語就越沮喪，相當於在大腦中不斷把恐懼的神經通路挖得更深，使自己更加深陷恐懼的牢籠。越是對自己重複這些話，我就越是驚恐。

自我破壞模式二：把一切歸咎於前夫

除了害怕之外，我還被憤怒以及想要懲罰前夫的欲望所吞噬。我責怪蓋瑞破壞了我們的家庭和我的人生，我希望看到他受苦。更多的負面自言自語出現了，只不過這次全是關於他的。我在心裡翻來覆去回顧他對我做過的每一件不好的事，卻始終無法釋懷，結果反而不知不覺加劇了痛苦的程度，延長了痛苦的時間。我的目光集中在我失去的東西。如果我早點知道今天使用的塑造勇敢大腦六步驟，就能更快也更容易恢復。

到最後我發現，我的憤怒也是恐懼牢籠的一部分。感到無法保護自己時，我們有可能把恐懼轉化為憤怒，這可能會讓我們覺得在保護自己，但其實並沒有。

這樣做只會讓整個身體充滿壓力荷爾蒙，傷害到我們自己，使我們感到痛苦不堪，妨礙我們解決問題，損害我們的免疫系統。被杏仁核所控制時，我們只能做出原始的反應：戰鬥、逃跑或凍結，這些反應無助於建立牢固的關係，也無法幫助我們在生活的其他方面取得成功。

回顧過去，我不覺得自己的行為有什麼好拿出來說嘴的。我意識到我必須做點什麼去處理我的恐懼和憤怒，否則我會變成一個無法好好過日子的怨女。我承認我有問題，這個問題需要解決。

如果你發現自己被恐懼、憤怒、悲傷、自我批評這些來回循環的情緒淹沒，那麼你該認清你正身陷自我傷害的模式，深深蝕刻在你腦中的負面記憶正在被觸發。誰都無法解決一個我們假裝不存在的問題。你是不是該承認自己落入了情緒困境，需要付出心力去解決這個問題？你需要幫助，也值得幫助。只要困在恐懼的牢籠中，就不可能向前走、開拓有意義的人生。

步驟四：想像最壞的情境

陷入恐懼時，我們下意識地認為，無論是身體上還是心理上都將無法倖存。死亡當然是一個可怕的前景，最終會降臨到我們每個人身上。但重要的是接受事實：死亡是唯一無法倖免的事情，其他一切都可以克服。

我曾經生活得好像自己處於危險之中，儘管我的生命實際上並沒有受到威脅。我的案主也常有同樣的感覺，他們告訴我，要是配偶離開或者失業，他們就會活不下去。他們用想像的結果綑綁自己，相信這些結果會摧毀他們的身心。

但你已經不再是需要依賴父母才能活下去的孩子了。沒錯，小時候被遺棄確實會嚴重威脅生存。但現在呢？你擁有了兒時沒有的能力，你可以照顧自己。舉個例子，我可以對自己說：南希，你不再是小孩子了。儘管蓋瑞做了那些事，但你現在比小時候更有能力照顧和保護自己。你可能覺得被拋棄的感覺會讓你活不下去，但事實上，你可以。

一旦想通了這一點，令我動彈不得的恐懼開始消退，我的前額葉重新起作用。我不再受制於被恐懼支配的杏仁核，開始能夠尋找更成熟得體的解決方案去對抗自我挫敗的模式。

被你所愛和信任的人背叛非常痛苦，相信我，我是過來人。但是儘管有一段時間痛苦難忍，我並沒有被打倒。事實上，面對真相走過離婚的過程讓我變得更堅強。我變得更勇敢，更願意看到事物本來的面目，而不是躲在否認之中。比起活在那段刻意欺騙的婚姻中，今日我活得更幸福許多。一旦我認知到我可以活下去，我就能夠活下去，而且活得很好。

我發現我的案主也是如此。一旦意識到自己其實比目前相信的更勇敢、更堅強、更有能力，就會產生新的韌性。原本捆縛住他們的恐懼開始鬆綁，生活變成一連串的選擇，而不是迫在眉睫的威脅。

只要想像現實中可能發生的最壞情況，意識到你能應付這樣的結果，你將找到前所未有的嶄新自由和信心。

警語

對於遭遇重大和反覆創傷的人，我建議在進行此療程時與持有執照的心理健康專業人士合作。踩到情緒地雷被觸發是一件令人不安和恐懼的事。如果你童年時曾經受到身體或性方面的虐待，可能需要接受治療、精神導引或支持小組的幫助。

步驟五：塑造勇敢的大腦

當我們專注於自信和可能性，而不是恐懼時，大腦會建立新的神經通路來增強這種信心，然後這些新的、正向的神經通路又會使我們的思維變得更積極正向。多年來，正向思考這個模糊的概念一直受到吹捧，被視為創造更好未來的一種方式。但僅僅是鼓吹一些正面的想法並不足以帶來長期的改變。研究顯示，要改變我們的大腦，需要用某種方式集中精神以及具體的想像。

我們能夠集中意念，把能量從恐懼中心轉移到大腦的其他部分，從而增加安全感、決策選項和心靈開悟。每一次這樣做的時候，都會添加和擴展新的神經通路，引導神經活動遠離杏仁核。杏仁核的體積會跟著縮小，而負責邏輯推理、情緒調節、解決問題和使內心安寧平靜的大腦其他部分則隨之增大。

如同學習任何新技能，熟能生巧，就像學開車、做一道新菜或彈鋼琴，你可以學會新的方式去應對、反應和感受。關鍵是重複練習。

在每一章，我都會針對不同的常見恐懼提供相應的練習，這些練習稱為「專注冥想」，用專注的力量去改變大腦處理每一種恐懼的方式。但有一點要提醒大家的是：剛開始做這些練習時感受到的希望，可能會隨時間過去而減弱。如果沒有立即看到效果，很容易在過程中失去信心。別忘了，學習新的技能需要練習和努力。

好消息是，每次完成冥想，我們的傷口都會癒合一點。大腦重新建構之後，我們的生活也會隨之轉變。重複練習，專心致志，就能改變情緒的神經網路連結方式。正因為如此，在其他療法未能帶來持久改變的案例中，我的方法卻能取得成功。這些實用的練習透過重複的小步驟，教會我們如何掙脫恐懼的牢籠，改變我們的感知和行為模式。

專注冥想練習

下面是一個十五分鐘的練習，建議你先讀完整個練習的過程，然後設定計時器提醒自己進入下一部分。你可能需要練習一到兩次才能掌握訣竅，但只要天天練習冥想，你將有能力改變大腦，創造新的路徑，踩到地雷時將能夠更快恢復，多多練習甚至可能完全避開地雷。

逃離害怕孤獨的恐懼牢籠

◆ 開始

首先選擇一個舒適的姿勢。鼻子吸氣，嘴巴吐氣。你的呼吸可能很淺，主要是從胸腔呼吸。

把注意力集中在深呼吸到腹部。你可能需要花一點時間才會足夠放鬆，肚子隨著每次緩慢呼吸而擴張和收縮。繼續用鼻子吸氣，嘴巴吐氣。

◆5分鐘時間到

現在你更放鬆了，想一想在你生命中讓你感到安全的一個人，不論是過去還是現在，可以是你最好的朋友，也可以是你的孩子、配偶、老師，或曾經在某方面給你指引的人。

一面呼吸一面想著這個人。深呼吸數次後，現在想像有一條看不見的線，從你的心連接到對方的心。感受這種連結，感受他們的臨在和接納帶來的溫暖。讓他們的愛滲透你的身心靈。（取材自《看不見的線》〔*The Invisible String*〕，作者派翠西亞．卡斯特（Patricia Karst），Little, Brown Books for Young Readers，二〇〇〇年出版。）

◆7分鐘時間到

再選一個讓你感到安全的人，保持與第一個人連接的線，然後連接另一條線到第二個人。想一想這個人，想一想你感受到的接納和愛。同樣可以是任何人：你的工作夥伴、親戚或兒時的朋友。

一面呼吸一面想著這兩個人。讓自己吸收透過連接線傳遞的愛，兩條線連接著兩個愛你、讓你感到安全的人。記住，當你感到害怕時，很容易覺得孤單，即使在你的生活中有人接納你、愛你。

◆ 9分鐘時間到

在你的冥想中加入第三個人。想想另一個在過去或現在為你提供養分的人。選擇一個讓你感受到鼓勵和希望的人。

可以是一個激勵你盡可能實現自我的人，一個在困難時刻依然相信你的人，一個當你孤單害怕時可以仰賴的人。連接一條線到他們身上，知道他們永遠在你身邊，或許現在就在你的生活中，或許是在你的記憶中。靜靜坐在這三個人帶來的溫暖中。

◆ 11分鐘時間到

保持與這三個安全和充滿愛的人之間的連結。想像你自己是第四個人，接受自己，愛你自己。把自己加到這個圈子中，這樣就有四個人透過線與你相連。給自己你需要也應該得到的愛與接納。

- 吸氣時說：「我完全接受自己。」

・吐氣時說：「我很堅強，有能力。」
・重複肯定：
・我完全接受自己。
・我很堅強，有能力。

◆14分鐘時間到

雖然感覺可能只是一小步，但經過這次冥想，你已經發生了變化。你的大腦得到了安撫，恐懼中心已經轉移，前額葉被啟動。一條雖然還小但確實存在的新神經通路已經形成，每次做這個冥想練習都會強化這條通路。

現在動一動你的手指和腳趾，慢慢把自己帶回外面的世界。再深呼吸幾次。你現在已經準備好重新投入生活，充滿新的能量去面對你遇到的任何事情。

◆冥想完成

這個冥想建議你每天都做，持續四十天，強化神經通路，在你的大腦中養成新的習慣。當你感到孤單時，會更容易安撫自己，提醒自己生活中有人愛你。最重要的是，你會更容易記住你愛自己，相信你自己的力量和韌性。

步驟六：走出恐懼的牢籠

想像一下這樣的人生：你能用冷靜的大腦做出健康的決策去應付任何情況。這是我想要的人生，我猜想你也是。我曾經非常害怕孤獨，以至於對婚姻真實的情況視而不見。然而，我現在的目標是活在真實之中，即使有時會很困難或很有挑戰性也不害怕，因為我知道我能夠應對一切來襲的挑戰。

我從這種新的觀點出發，為自己和女兒打造出充實的新生活。我花了一段時間才體認到不再必須任由情緒地雷擺佈，不再需要重溫過去的可怕經歷。事實上，我們最害怕的情況很少會發生，但我們卻因為預期會發生最壞的情況而自縛於恐懼的牢籠。當我們意識到自己確實能夠生存下去，就能立即得到解脫，不再自我設限、受制於在心中孕育的恐懼。

花園那糟糕的一天過去五年之後，我收到了蓋瑞的信，拿起信時，一陣淡淡的古龍水味道飄進我的鼻子。這一次它對我沒有任何影響，我完全沒有被觸發。

他在信中告訴我，他再婚了，雖然我感覺到一點刺痛，但我對自己的生活非常滿意。那時我已經開始約會，在新的關係中感到很愉快，但我知道我不再需要依靠男人才能生存。我拿著信走過花園，我種下的鳶尾花正盛開——美麗、堅韌，迎頭向陽。我臉上帶著自信滿足的微笑，那是我原本以為再也不會有的笑容，直到我掙脫了恐懼的牢籠。我相信你也能做到。

重點整理

- 小時候，我們需要成人的養育和保護。
- 我們也需要成人榜樣向我們示範如何應對可怕和困難的情況。
- 如果沒有適當的榜樣，我們長大後可能不知道該如何正確應對恐懼。
- 過去創傷的記憶，包括我們經歷的痛苦情緒，透過神經通路記錄在大腦中。
- 這些創傷記憶和情緒稱為核心情感創傷，可能延續至成年。
- 現在的事件讓我們想起過去的創傷時，就會觸發我們的情感反應。

- 被觸發時，杏仁核（恐懼中心）會接管控制我們的大腦。
- 杏仁核主宰大腦時，負責推理、觀察、協商和解決問題的前額葉失去作用，我稱之為陷入恐懼牢籠。
- 陷入恐懼牢籠時，我們重溫過去的創傷，思考和行動方式都回到創傷發生時的年紀。
- 我們對當前事件或情況反應過度時，就應該知道自己是被觸發了。
- 負面的自言自語會強化創傷的神經通路，加深我們自我挫敗的行為模式和心態。
- 科學家曾經認為大腦無法改變，尤其隨著年齡增長更是僵化，這是錯誤的信念。我們可以在大腦中新增神經通路，重新設定能量流動的路徑，遠離恐懼牢籠。
- 透過重複練習專注冥想以及具體的想像，可以創造這些新的神經通路。
- 新的神經通路讓我們有機會擺脫自我挫敗的模式，創造新的模式賦予我們力量。

ESCAPE
THE TRIGGERS
THAT KEEP
YOU STUCK

恐懼牢籠二號：

你害怕被拒絕嗎？

這一日終於來臨，含苞待放的風險變得比綻放所需承擔的風險更加痛苦。

——阿涅絲．寧（Anais Nin）

FEAR
TRAPS

電話那頭的伊莎貝拉聲音尖銳，充滿絕望：「史戴拉醫師嗎？我聽說你能幫助那些高度焦慮的人。我現在真的很難受。你今天能見我嗎？」

後來那天下午，伊莎貝拉來到我的診間，絞著雙手，眼眶泛紅地看著我。她身高大約一七五公分，紅褐色長髮搭配碧綠的雙眼，外貌如模特兒出眾，但她似乎對自己的外表感到不自在。她一坐定，我便請她說讓她焦慮的原因。

步驟一：講述你的故事

伊莎貝拉坦然述說她最近認識了一個名叫傑克的男人，她臉上露出了笑容。「他真是太棒了。我們約會才大概三個月，但從來沒有人像傑克這麼吸引我。他或許是我見過最善於表達、頭腦最冷靜的人。和他在一起我感覺非常安心。」

她搖搖頭。「嗯，我本來覺得很安心，直到這個星期。傑克出差去了，他說會打電話給我。第一天晚上，他留言說他很忙，但是想讓我知道他有在想我，隔天會再打給我。第二天過去了，沒有電話。昨天已經是第三天沒有電話，我昨天晚上整個大崩潰。我覺得很丟臉，不敢讓離婚康復小組的任何人知道這件事。但是我有打電話給我的朋友莎拉，她建議我找你。我真是一團糟。」

我笑了笑說：「很高興你聯繫了我。所以你已經兩天沒有傑克的消息了？」

她點點頭。「我好難過，好焦慮。有一部分的我知道我反應過度了。但我沒辦法控制自己的感覺。我覺得很絕望，很需要愛。」

我向伊莎貝拉保證我們可以一起解決這個障礙，然後我請她描述她的恐懼。她說：「我怕他會拋棄我然後……」她停頓了一下又說：「我不知道我能不能經得起失去他。」她望向窗外。

「你害怕你會撐不住嗎？」

她點了點頭。「要是我撐不下去怎麼辦？我好不容易才勉強度過離婚。我真的不認為我能再承受一次這麼痛苦的失望經驗。還有，我才剛開始一份新工作，我不能陷入憂鬱或讓這件事影響我的工作。如果因為我承受不了結果、失業了怎麼辦？」

伊莎貝拉非常害怕失去這段新關係會讓她活不下去，而活下去是我們所有人最強烈的需求。每個人都會害怕生活中出現讓我們無法承受的事情——無論是身體、財務或心理方面的威脅。

我詢問她童年的事情。伊莎貝拉有一個與她關係並不親密的哥哥。她形容她的父親容易生氣、容易掉眼淚，很少長時間感到高興。她的母親相當冷淡，話不多，在英國出生長大，經常回英國探望她，後來在某一次回去的時候遇到了一個男人。

「我媽回來之後要求離婚。」伊莎貝拉向我解釋。「當時我十三歲，苦苦哀求我媽不要走，但是她說她在這段婚姻中很痛苦。我問她我能不能跟著她去倫敦，她說不行。」

伊莎貝拉吸了一口氣繼續說：「她走的時候我們全家站在客廳，每個人各有各的痛苦。我爸很震驚，我哥站在旁邊瞪著眼睛，我緊緊抱住我媽。我媽低頭看著我說：『有一天等到你戀愛的時候，你就會明白了。』然後她就走了。我轉過頭去罵呆呆站著的爸爸：『你為什麼不爭取一下？去攔住她啊！』我爸變得激動起來，離開了客廳。

「十七歲的哥哥則是看著我說：『你真傻，那種劇情只會發生在電影裡。』他轉身回房甩上了門。」

伊莎貝拉告訴我：「我媽媽的離開讓我們全家變成廢人。我爸變得封閉而且滿心怨恨。我哥輟學去五金店找了份工作，然後搬了出去。他到現在還是單身，我爸也一直沒有再婚——他們兩個對女人的看法都很負面。每隔一段時間我會打電話給他們，但是無論我做什麼似乎都沒辦法讓他們開心，感覺沒有半點用處。難怪我從來沒有學會如何有效處理強烈的情緒或溝通。」

伊莎貝拉上大學時的心願是找一個完全不像她父母，特別是不像她父親的伴侶。「我想要找一個不被情緒控制的男人。我爸太早就放棄了我媽。大二時我遇到了保羅。跟他在一起很輕鬆，因為他的情緒不會搖擺不定。大學畢業後六個月，我二十二歲就跟他結婚了。」她以為在保羅身上找到了完美的男人，保羅內斂穩定，和她父親正好相反。

孤獨的代價

被拋棄和被拒絕是兩種不同的經歷，然而，這兩者顯然都會讓我們感到孤獨。孤單、孤立隔絕和格格不入的感覺已經如瘟疫般蔓延。二〇一八年，美國醫療保險公司信諾（Cigna）的一項研究，要求兩萬名成人填寫加州大學洛杉磯分校（UCLA）的孤獨量表，結果令人震驚。以下是調查結果：

- 將近一半的受訪者表示有時或總是感到孤獨或被排斥。
- 四分之一的受訪者表示很少或從未感到有人理解他們。
- 大約百分之四十七的人認為他們不是每天進行有意義的面對面互動。
- 百分之四十三的人表示感到與他人隔絕。
- 最孤獨的群體是單親父母和十八至二十二歲之間的成年人。

孤立感不見得有明確的原因，但我們確實知道孤獨會導致憂鬱、焦慮、成癮、自殺和健康狀況不佳的發生率提高。

我們必須了解，關係不是瞬間建立的，而需要時間累積建構。我們活在缺乏耐心的文化中，想要即時得到滿足。但是據估計，與某人建立友誼大約需要八次對話。人際關係需要時間來建立信任，彼此認識，產生連結。

孤立是個問題，因為人類本質上是社會動物。我們創造的社會強調對他人的需求，我們尋求互動、尋求建立家庭、尋求建立一個互相關心的合作社會。因此，被拒絕和孤立自然會使人痛苦。

為了自衛而築起心牆，即使是在已經擁有的關係中也是一種可怕的代價。當然，我們不想受到傷害，也不想因為不被接受而感到焦慮。若是選擇獨來獨往，切斷與他人的連結，似乎能保護我們免受這些痛苦。然而由於我們生來需要與人連結，所以斷開連結對大多數人來說不可能得到真正的滿足。這是你願意付出的代價嗎？

步驟二：找出你的地雷

我請伊莎貝拉繼續說她的故事。第一個孩子出生後，伊莎貝拉意識到她在保羅身上看到的穩定，其實是情感僵化。事實上保羅幾乎無法容忍任何形式的情感表達，認為那是軟弱的表現。當伊莎貝拉因為照顧新生兒而感到沮喪或無助時，保羅只會指責她。每次伊莎貝拉感到不知所措時，保羅總是退縮迴避。

伊莎貝拉解釋：「恰恰在我最需要他的時候，他會消失。那時我才意識到，儘管我避免嫁給像我爸那樣的人，實際上我卻嫁給了和我媽非常相似的人。她從不面對任何事情，逃避是她用來處理任何不愉快的方式。」

伊莎貝拉天性中的情感表現很快成為婚姻中衝突不斷的根源，這使她陷入高度焦慮，害怕保羅會像母親那樣離開她。而最終她害怕的事確實發生了。隨著伊莎貝拉的恐懼增長，她越來越迫切渴望保羅留下。她越是要求保證，保羅就越是閃躲。保羅開始加班，單獨外出，拒絕協助育兒。

「離婚本身是可怕的。要不是為了我的女兒，我可能會永遠躺在床上。我不想過沒有保羅的日子。」

伊莎貝拉一心想要婚姻「至死不渝」。當保羅搬出去與另一個女人同居時，她感覺到天塌了。「我失去了保羅，感覺就像我媽離開我的時候一樣。我感覺徹底被拒絕。」

我向她指出：「伊莎貝拉，雖然婚姻結束感覺跟你母親離開時一樣，但兩者其實截然不同。」

伊莎貝拉看起來很驚訝。「什麼意思？結局都是他們離開了我！」

「是的，他們都離開了沒錯。但你母親是在你小時候離開了你，她沒有盡到身為母親的責任。而當你的婚姻結束時，你已經是個成年人了。」

她堅持看法，說：「但是保羅不也是沒有盡到身為丈夫的責任嗎？」

我點頭。「他確實沒有盡責，但是結束與另一個成年人的關係，跟拋棄孩子完全是兩回事。你在童年時受到的傷害成了你的核心創傷。」

思考片刻後，伊莎貝拉眼中閃過一絲光芒。「對，我懂了。我的核心創傷。」

我繼續說：「保羅傷人的行為觸發了你童年的巨大痛苦。小時候，你的生存受到實際的威脅。基本上，你的父親連自己的生活都顧不好，你的哥哥本身還是個孩子，而你被留在他們的監護之下。」

她眼中盛滿淚水。「太可怕了。」

「是的，但是當你的婚姻結束時，你已經不是孩子了，而是一個成熟的女性。離婚很可怕，很痛苦，沒有人願意受這種苦。但是這兩者有很大的區別，你明白嗎？」

伊莎貝拉重重嘆了口氣。「我懂，至少理智上我懂。兩件事都讓我生不如死。」

我自己經歷過離婚，所以清楚明白伊莎貝拉的痛。「當然，兩件事都很痛苦，但是離婚感覺更痛苦，因為激起了你童年的核心創傷。你被觸發了，所以當保羅出走時你才會那麼痛。」

伊莎貝拉的第一個地雷：傑克答應要打電話卻沒打

大多數人在生活中的不同時刻被觸發，過去的創傷越嚴重，反應往往越劇烈。隨著時間流逝，伊莎貝拉比她預想的更能適應單身生活。她跟我分享：「離開保羅越久，我對自己的感覺就越好。他真的不適合我，而且說實話，沒有他我過得更好。

「我是連鎖服飾店的供應商，我跟一個買家成了朋友。莎拉也離過婚，她邀請我加入一個離婚康復支持小組，對我非常有幫助。我認識了很多跟我有同樣經歷的人，我想如果他們能夠活下去，我也能。另外，那邊有一些男生，我跟幾個人約會過。這幾年我在情感上一直很堅強，總是我主動結束關係。但是後來我遇到了傑克。」

伊莎貝拉把臉埋在雙手間。「看看我現在的樣子，我就是個廢物。」傑克出差的第三天她就踩到地雷自爆了，被拒絕的感覺是如此猛烈撕扯著她，使她懼怕。沒接到傑克的電話引起她的強烈反應，喚起了內心根深蒂固的恐懼，害怕孤獨，害怕被拒絕——與她母親離開時的感覺一樣，後來在婚姻結束時又被放大。她失去過兩個非常親近的人，而且是極其痛苦的失落。

我向她解釋，被觸發時，我們不是在對當下的情況做出反應，而是對過去的創傷經驗

「被觸發時，我們不是在對當下的情況做出反應，而是對過去的創傷經驗做出反應。」

做出反應。離婚之前，她的前夫經常承諾打電話卻沒有做到，沉默的電話成了婚姻走向終結的信號，把伊莎貝拉帶回離婚和過去其他嚴重的失望經歷。

傑克會不會變成像保羅一樣的男人？傑克說會打電話卻沒有打，這對傑克來說意味著什麼？是因為出差遇到了大麻煩？還是他太忙太累了？傑克是不是正在重新考慮這段關係並且失去了興趣？或者他只是忘記了？伊莎貝拉完全不知道他的沉默意味著什麼，但她意識到男人的沉默會觸發她的地雷。

伊莎貝拉的第二個地雷：開始感覺到深深的依戀

我們有許多種「愛的關係」：對子女的愛、對父母的愛、對密友和伴侶的愛。墜入愛河的經歷通常會產生強烈的歸屬感和連結感。愛可以帶來狂喜，讓我們感到巨大的幸福和喜悅。同時，這種強烈的連結也可能產生恐懼，害怕自己變得脆弱無比，害怕失去。

伊莎貝拉對傑克產生的深刻感覺把她嚇到了。跟幾天前比起來，她突然覺得跟一個新的人建立親密關係似乎很危險。伊莎貝拉把愛與不安全、危險和可怕的痛苦感受連在一起。越是依戀，她就越感到困惑和害怕，害怕這個男人會再次觸發她的核心創傷。

步驟三：描述自我破壞的模式

如同前面所述，感到危險時，杏仁核（恐懼中心）啟動，此時腎上腺素這類強大的荷爾蒙湧入我們體內，血液流向四肢，讓我們能夠迅速行動應對危險。我們只有三個選擇——戰鬥、逃跑或凍結，沒有其他選項。

杏仁核沒有一丁點時間概念，無法區分過去或現在的經歷，或是對未來的擔憂。杏仁核只知道一個現實：此時此刻。這就是為什麼被觸發時你會重新經歷過去的創傷，彷彿正發生在當下，讓你感受到當初感受到的所有痛苦。

這會讓我們難以保持理性，無法辨識細微的差異或從另一個角度去審視情況，因而出現下列過度反應：（1）變得過於激進或要求過高（戰鬥），（2）逃避或突然中斷關係（逃跑），（3）拒絕交流、精神恍惚或解離（凍結）。這三種反應都極其不利於長期、健康的關係。

在伊莎貝拉的家人身上可以看到這三種反應類型：

1 戰鬥：伊莎貝拉是一個戰士。她試圖阻止母親離開。她乞求保羅不要離開，想盡一切辦法挽救婚姻。

2 逃跑：伊莎貝拉的母親和哥哥是逃避衝突的類型。她的母親選擇飛往倫敦而不是處理目前的婚姻狀況，她的哥哥十七歲離家後從未安定下來。

3 凍結：伊莎貝拉的父親封閉自己，拒絕面對困難的情況。他把自己孤立起來，變成了一個任憑人生流逝的憤世嫉俗者。

這三種反應在真正有危險的情況下是適當的。但是當你踩到情緒地雷被觸發時，你的反應會遠遠超出這件事本身應有的程度。一旦習慣反射性做出這些反應，就會形成自我破壞的模式。如果你老是逃避、變得咄咄逼人，或是動不動變得冷淡切斷交流，這樣幾乎不可能建立健康的關係。通常只要冷靜下來，你就會看到你的行為並不恰當。但是許多人要花很久的時間才能看清這些自我破壞的模式。

「但是當你踩到情緒地雷被觸發時，
你的反應會遠遠超出這件事本身應有的程度。」

自我破壞模式一：激烈的自我防衛避免遭受想像中的遺棄

我問伊莎貝拉：「傑克沒有打電話給你，你的第一反應是什麼？」

她不好意思地笑了笑：「以前我會打電話給前夫，留下一長串怨天怨地的留言，說他多麼讓我失望，不值得信任。我拿起電話想要照樣留言給傑克的時候，我知道這樣做會毀掉這段新戀情一切可能的發展，所以我才打電話給你。」

「你想要採取某種保護措施對嗎？」

她點了點頭：「對。我不想像我爸那樣可憐兮兮地坐著等，也不爭取一下就讓我媽離開了。不過，我有打電話給莎拉，希望她能理解。」

「但是她不理解？」

「不完全理解。她跟我說：『別讓那個傢伙影響你，伊莎貝拉。如果他不值得信賴，就把他踢到路邊去。』」

「她也經歷過離婚，對吧？」

伊莎貝拉再次點頭：「對。她的情況在某些方面其實比我更糟糕。她和老公一起做生意，結果發現他一直在偷偷把錢轉到一個祕密帳戶，已經轉走了好幾千美元。而且他甚至沒有外遇，只是想在朋友面前裝闊而已。等到她發現已經太遲了，錢沒了，房子也沒了，她在離婚期間不得不申請破產。」

「那麼，你的朋友不理解你，你的感覺如何？」

她聳了聳肩說：「我想，她就是這樣囉。她就像貓一樣有九條命，總能站穩腳跟。她開了一家新公司，這次是搞設計，我就是這樣認識她的。她大概花了兩年，就成為這一區最成功的設計師之一。她最氣的地方是被老公騙了，她的說法是：『哦，我前夫就跟我爸一樣，滿嘴謊話，我怎麼會笨到這種程度呢。』」

我笑了笑說：「這樣我就明白了。你的朋友有不同類型的核心創傷。她被欺騙她的人傷害了，所以她的反應跟你不一樣。她的離婚經歷不是被拒絕的經歷，因為她並不覺得被父親拒絕，倒不如說她是對自己也對你生氣，因為被人騙了。」

伊莎貝拉的臉上慢慢露出一絲笑意：「對，很有道理。我會被什麼觸發，是根據我的經歷，對嗎？」

「是的。那麼當你被觸發時，你會對自己說些什麼呢？」

「很多啦，像是我很失敗，我永遠沒辦法和男人有結果，傑克就跟我在乎過的其他人沒兩樣，遲早他也會離開我。」

我向伊莎貝拉指出，被觸發時，我們經常對自己說可怕又厭世的話。下面有一些例子是我從案主那裡聽到的負面自言自語：

- 我總是選到錯的人去愛。
- 每個人都讓我失望，幹嘛還要嘗試？
- 我已經支離破碎，沒辦法愛了。
- 我不能再承受別人離開我。
- 為什麼我不能停止這種模式？

被觸發之後，我們的反應是對自己說負面的話，接著負面的自言自語又加劇了我們的恐懼，形成一個負面的循環。每件事都感覺像是生死攸關、你死我活，不是生存就是毀滅。建議你觀察你對自己說話的方式，看看是否使用了一些極端的字眼，例如「總是」、「每個人」或「活不下去」，這些話沒有半點真實性，只有恐懼。

當我們的行動是出於恐懼，欠缺同情心、毫無洞察力也沒有理性可言，通常會有人受傷。你可能會對你愛的人惡行惡狀，或是毀了一段關係。事實上，最後往往會傷害自己。伊莎貝拉的恐懼是孤獨終老，如果她重複自我破壞的模式，就會在無意識中落得這種下場。

自我破壞模式二：在受傷前逃離

伊莎貝拉告訴我，她的另一個衝動想法，就是打電話給傑克結束這段關係。「保羅離開我的時候，我對自己發誓再也不允許任何男人這樣對待我。莎拉也是這樣建議的，她說：『先分手為強，別讓他來甩你。』」

「所以如果你跟他分手，就能避免他跟你分手？」

她點點頭。

我請她再多講一些她對自己灌輸的負面想法，她回答：

- 「只有傻瓜才會又被男人拋棄。」
- 「我絕對不會讓他看到我哭。」
- 「我要懲罰他，因為他食言沒打電話。」

- 「他以為他是誰？他就是個屁。」
- 「反正我不在乎傑克。」

「但是你真正想要的是什麼？」我問她。

她的雙眼再次盈滿淚水。「如果可以，我真的希望這段關係能夠成功。我想知道傑克是不是那種我可以信任的人，我們是不是能有未來。」

「所以，為了避免被拒絕而結束這段關係，這與你真正想要的恰恰相反？」

「這不是什麼聰明的策略，對嗎？」

「對。」我告訴她：「當我們出於恐懼而行動，很少能夠得到我們想要或需要的東西。」

步驟四：想像最壞的情境

依莎貝拉的錯誤信念是：再一次經歷被拒絕，她可能會活不下去。當我們對抗被拒絕的問題時，常會努力避免感到脆弱，而我們很容易把脆弱等同於不受保護，但真正的脆弱是基於了解和信任自己而產生的力量。

處於理性狀態時，前額葉發揮作用，依莎貝拉知道就算傑克結束這段關係，她不會真的死掉。但是當她陷入被拒絕的恐懼牢籠時，她的感受和思考方式再次變回那個被母親拋棄的小女孩，被困在恐懼的牢籠中，失去了像成人那樣照顧和保護自己的能力。

負面的自言自語

在我們的允許之下，情緒很容易影響我們的思維和行為。然而，也可以反過來，我們可以選擇用思維和行動把情緒引導到健康的方向，這就是所謂的認知行為療法（Cognitive Behavioral Therapy，縮寫為CBT），我把認知行為療法融入我的方法中，透過改變我們思考和行動的方式去改變我們的情緒。對自己和他人抱持負面想法時，我們可能會感到挑剔、不舒服。如果抱持正面的想法，則更有可能感到舒服和滿意。專家認為，負面思想及其在大腦中釋放的化學物質會導致憂鬱、焦慮和不快樂。只要學會選擇把你的思緒集中在正確的地方，你將擁有比你意識到的更多的力量。

如果不加以制止，負面的自言自語會讓你無法平靜下來，卡在杏仁核的掌控之中。以下是四種類型的自我挫敗心態：

- 負面的自言自語包括嘴巴上講出來的以及在內心對自己說的話，使我們洩氣、灰心。
- 負面的自動化想法是當某種情況引發情緒上的不適時，自動產生的有害無益的想法。
- 不合理的信念是不合邏輯而且非常偏頗局限的結論，但我們的大腦卻視為真理。
- 災難化思維是持續抱持不理性的擔憂，相信會發生極不可能發生的最壞情況。

我和伊莎貝拉一起面對她最害怕的情境——傑克會離開她，我請她用現在時態描述她的感受，就好像這件事真的正在發生一樣。她說：「我想像傑克出差回來，再也不打電話給我，沒說清楚就把我給甩了。」

「如果你再也沒收到傑克的消息會怎麼樣呢？」

「當我們出於恐懼而行動，
很少能夠得到我們想要或需要的東西。」

「我會抓狂，會想要逼他跟我談。」

「如果他拒絕呢？」

「我會很生氣，很受傷。總之很糟糕。」

「你還擔心可能會發生其他什麼事嗎？」

伊莎貝拉點點頭。「我可以想像最後他會打電話來講一堆藉口。其實他已經對這段關係失去興趣，他已經沒有心了。」

「那感覺會怎樣？」

「嗯，感覺我又被拋棄被拒絕了。」

「還有其他擔心的事嗎？」

「如果我們分手，我可以想像到會碰到他。我們住在同一個社區，我真的很不想走進一家餐廳看到他正在和另一個女人約會吃飯。」

「你會感覺怎麼樣？」

她低下頭說：「我會覺得很羞辱。」

「你能夠承受羞辱的感覺活下去嗎？」

她瞪著我說：「誰願意被羞辱啊。」

「我明白你不想經歷這種情感上的痛苦。但你能夠活下去嗎？」

「唉，當然能。」她停頓了一下，意識到自己剛剛說了什麼。「我能夠活下去，不是嗎？」

「對，你能夠活下去。在這個階段你還不知道他是不是值得信任，但是安全感的關鍵是相信自己。如果你對自己有信心，就會保有你原本就有的個人力量，能夠應對任何事情。」

「哇，我從來沒有這樣思考過安全感。」

我繼續強調這一點：「如果傑克再也不跟你聯絡，你會看清他是什麼樣的人。但是他的行為定義了他，而不是你。你由你自己定義。」

她點頭說：「我現在懂了。無論傑克怎麼做，我都會相信自己。如果傑克逃避關係，我會知道他像我媽和我哥。如果他的心已經不在，我會知道他像我爸，是個我不能信任的人。」

「沒錯。」

「我覺得放慢一點會是明智的做法，」伊莎貝拉說，「我還不知道傑克是不是值得信任就衝太快。我會這麼害怕就表示我沒有適當保護自己。」

她靠回椅子，帶著自信的表情說：「我可以應付這一切。我現在夠堅強了。」

伊莎貝拉想像了最壞的情況，令她驚訝的是，她沒死。事實上，她坐在我面前，生龍活虎，帶著全新的個人力量。我請她描述最有可能發生的幾個結果：情境一，傑克可能結束這段關係，她還是能活下去；情境二，如果她發現傑克習慣不遵守承諾，她可能會結束這段關係；情境三，他們能夠長長久久攜手同行。

未來對伊莎貝拉來說仍有無限可能。她擁有比她想像中更強大許多的力量可以塑造未來，這是因為成人比孩子更有能力。

步驟五：塑造勇敢的大腦

我深知活在恐懼中的感覺，不管恐懼什麼，恐懼的模式並不容易打破。被困在恐懼的牢籠時，會本能產生強烈的自我保護欲，會很想要控制將要發生的事情。問題是我們無法控制任何事或任何人，只能控制自己。我們創造越多的正向神經通路，大腦就越勇敢。越是重複這些練習，就越能接受自己的弱點，同時感到安全。

我帶著伊莎貝拉一起開始練習專注冥想時，我請她回想過去的兩個經歷。第一個經歷是她感到安全和被愛的時候，伊莎貝拉回憶說，她父親高興的時候會吹口哨，母親離開後就很少聽到爸爸吹口哨。不過，在她上高中時有一次父親回家時吹著口哨，那時他很開心。至少在那一刻，伊莎貝拉感到安全。那天晚上，她和爸爸一起享受了一頓愉快的晚餐，後來又一起看電視看到睡著。回憶這段往事時，伊莎貝拉微笑著，從這段記憶引發的情感中得到安慰。

接下來我請她回想感到被某人拒絕的一次經歷，不是很沉重的拒絕，而是她感覺有一點被拒絕的經歷。「不要把注意力放在你受到很深傷害的時候。想一想你覺得被冷落或忽視的時候。」

她告訴我，有一次爸爸答應放學後接她去買新鞋。「他沒有出現。當然啦，我感到被拒絕，自己走路回家的時候感覺糟透了。我還記得當時很生他的氣。後來他回家後道歉了，這對我來說意義重大——他竟然親口說了對不起。」

「這是個不錯的開始，一段被拒絕但並不是非常痛苦的經歷。接下來我們會一步步去面對那些更困難的回憶。」

「你必須先承認自己的感受，
然後才能開始療癒。」

為什麼我要求她做這個練習呢？因為我們花了太多時間否定自己、壓抑情緒、責怪他人，只為了避免感受到痛苦真實的重量。即使在傳統的療法中，我們經常完全抽離情緒，繞著我們的創傷去進行討論，因為我們害怕正面直視會無法承受。確實這些情緒甚至可能引起身體的不適，例如肩膀緊繃、頭痛或胃感覺像打結，也可能使我們焦躁不安，思緒紛亂，拚命想辦法解決使我們爆炸的問題。

神奇的是，當我們允許自己真正去感受情緒，就能開始跨越這些情緒。隨著時間過去，你的大腦會逐漸平靜下來，意識到「感覺像是現在正在發生的事」實際上已經是過去的事情。這很重要。你已經度過了那一段經歷活了下來，事情已經過去，結束了，而你依然站在這裡！唯一剩下的是刻在你大腦中的記憶和這段記憶引發的化學反應。

這種認知可以在情感和生理層面帶來強烈的滿足感，釋放出帶給我們快樂和幸福感的荷爾蒙。你的大腦對引發恐懼的化學物質變得不那麼敏感，而新的荷爾蒙會形成一條新的、正面的神經通路，然後我們的注意力會回到那些能夠增強這條健康通路的正面事實。總結來說，我們感受並確認情緒，意識到我們能夠存活，然後繼續前進。

專注冥想練習

開始這十五分鐘的冥想之前，請選擇一個非常幸福的時刻，你感受到毫無保留的愛與接納。然後選擇一個你感到被拒絕但是沒有到嚴重踩雷的經歷。在心裡面想好這兩段回憶，然後就可以開始這個冥想練習了。

逃離害怕被拒絕的恐懼牢籠

◆開始

首先找到一個舒適的姿勢，手臂和腿自然放鬆不交疊。鼻子吸氣，嘴巴吐氣。你可能呼吸很淺，主要是從胸腔呼吸，請把注意力集中在深呼吸到腹部。你可能需要花一點時間才會足夠放鬆，肚子隨著每次緩慢呼吸而擴張和收縮。繼續用鼻子吸氣，嘴巴吐氣。

◆5分鐘時間到

現在你更放鬆了，想一想你生命中曾經感到被接納和安全的一次經歷，可能是和某個特別的人在一起，或者是在一個讓你有歸屬感的團體中。隨著呼吸的節奏，回憶這段經歷，用所有的感官描述你所見、所感、所聞、所聽，盡可能完整體驗這段回憶。沉浸在這段記憶中，讓自己感受到安詳、被愛、被接納。

◆ 8分鐘時間到

現在改為專心想你曾經感到輕微被冷落或拒絕的經歷。同樣地，這個經歷可以包括一到多個人，也許是在一群朋友中感到無法融入或尷尬。用所有感官描述你所見、所感、所聞、所聽，盡可能完整體驗這段回憶。沉浸在這段記憶中，允許自己感到不舒服和不被接納，不要迴避，而是敞開心胸擁抱這一切。

當你注意到你的負面情緒在減退，你會知道你的大腦對這段記憶已經變得不敏感了。設定計時器提醒自己十二分鐘時間到，如果情緒依舊強烈，那麼明天再用同樣的回憶進行這個冥想，每天持續練習到強烈的情感反應消退為止。

◆ 12分鐘時間到

把注意力轉回到你為這個練習選擇的正面回憶，回到你感覺完全被愛和接納的狀態。

盡可能真實重現這段記憶，感受你身上穿的衣服，聞一聞空氣中的香味。如果是正在吃東西的回憶，回想一下食物的味道，聆聽歡聲笑語，吸納別人對你展現出的善意。

◆14分鐘時間到

現在動一動手指和腳趾，慢慢把自己帶回此時此刻。再深呼吸幾次。你現在已經準備好重新投入生活，同時更加堅信自己是安全的，內心祥和寧靜。

◆15分鐘時間到

經過這次冥想，你已經改變了。雖然你的大腦可能還沒有完全對這段記憶變得不敏感，但你的大腦已經得到了撫慰。大腦恐懼中心的能量已經下降，前額葉啟動。

如果這個冥想對你有幫助，我建議你找出情緒強度更高的記憶重複練習。如果某段記憶太過痛苦或難受，最好找治療師全程陪伴。我們的目標是變得不敏感，而不是被打倒。

當我們控制了恐懼的記憶，大腦就會開始重塑神經通路。

步驟六：走出恐懼的牢籠

大多數人進入新的經驗或新關係時，懷著一種樂觀的態度，相信過去的傷害不會重演。然而當我們跌入恐懼的牢籠中時，我們發現自己又回到熟悉的悲慘狀態。過去保護了你的行為和態度，現在可能正在破壞你獲得成功、快樂和親密關係的機會。這個時候，第一步是要承認我們再次反應過度，正在重複自我挫敗的模式。

伊莎貝拉意識到自己差點重蹈覆轍，犯下和以往相同的錯誤，這是非常重要的起始點。她的焦慮誘使她重複同樣的行為模式，而這種行為模式到頭來並不能帶來她渴望的幸福。如果她不在乎某個男人，就能保持情感上的自制，可是一旦感受到強烈的吸引力，她突然變得依賴和苛求。她告訴我：「顯然我是反應過度，但就是沒辦法阻止自己。」

我向她保證，每個人都有踩到情緒地雷的時候，這並不是什麼可恥的事情。重要的是盡快認知到自己被觸發了，盡量減少過度反應以及對他人造成的傷害或困惑。在情感層面上，伊莎貝拉把傑克跟前夫保羅混在一起。如果她把傑克當作保羅來對待，可能會破壞她與傑克的未來。

她用前額葉去思考身處的情境，獲得了許多深刻的見解，這是恐懼中心做不到的。她說：「離婚時，我把責任全推給了保羅。當時我看不到自己在其中扮演的角色。但是隨著時間過去，透過離婚康復支持小組，我意識到自己在離婚中也是有責任的。我越生氣、越絕望，保羅就越疏遠我。」

害怕被拒絕的時候很難信任他人，最重要的是，我們不信任自己。踩到情緒地雷會切斷我們身為成年人的功能，只有重新獲得前額葉的控制權後才能處理情況。冷靜下來以後，我們會發現可以依靠自己去應對所遭遇的任何事情。

我們討論了伊莎貝拉可以告訴自己的一些正面陳述，用來取代她經常在腦海中聽到的批判聲音：

- 我相信自己，無論這段關係怎麼發展，我都能活下去。
- 我正在學習如何在戀愛中保護自己。
- 當我踩到地雷陷入極度恐懼時，我有方法讓自己冷靜下來。
- 我值得被可靠而且有能力的人愛。
- 在進一步了解傑克的過程中，我能控制好自己的情緒。

為了成就長期的關係，雙方都必須相信自己能夠處理親密關係，並且相信對方有能力經營伴侶關係。學著信任自己不代表天真幼稚。真正的信任讓我們能夠放開手，對無法控制的東西釋懷，接受現實。這是關鍵的第一步，讓我們從活在恐懼的牢籠中走向堅韌、自信、有勇氣的生活。

隨著伊莎貝拉對自己的信任增加，傑克是否打電話給她不再感覺像是生死攸關。她知道無論這段關係發生什麼情況，她都能依靠自己應對。她認知到：不必依賴對傑克的信任讓自己感到安全。當然，在投入更多感情之前，她需要了解傑克是否值得信任，但首先需要她信任自己能夠應對這段戀情或任何戀情的結果。

伊莎貝拉和我繼續晤談了大約六個月，同時每天練習冥想。她決定暫時從與傑克的關係中抽離，因為她發現需要花時間專注於自身，培養更強大的心理韌性去面對被觸發的情況。無論將來她與誰約會，也許最終會結婚，她知道：為自己創造一個安全的世界，是她自己的責任。

重點整理

- 小時候我們需要與成人建立牢固的情感連結。
- 我們也需要成人榜樣示範如何表達困難的情緒，解決衝突。
- 如果缺乏適當的榜樣，可能無法在成長過程中學會如何傳達我們最脆弱的情感和需求。
- 在成人關係中若是踩到童年創傷的地雷，可能導致我們過度反應。
- 童年時受到的創傷如果在成年後以類似方式再次受創，地雷會特別強烈。
- 每個人都經歷過困難，任何人都可能踩到地雷被觸發，這並不可恥。
- 強烈的情感，即使看起來是正面的（例如愛或喜歡），如果讓我們感到容易受傷或被拒絕，也可能成為觸發因素。
- 困在害怕被拒絕的恐懼牢籠中的人會戰鬥、逃跑或凍結，結果往往對自己和他人造成傷害，而不是得到真正想要的東西。

- 陷入這種恐懼牢籠的人經常使用極端的詞語，比方「總是／從不」、「應該／不應該」、「好／壞」或「全部／全部不是」，因為他們無法運用前額葉看到其他觀點。
- 被恐懼困住時，可能會用極其貶低的詞語描述自己或他人，如「愚蠢」、「白癡」、「沒用」等等。
- 若能意識到自己因為被觸發而反應過度，就能阻止自己延續自我破壞的模式，建立健康的關係。
- 被觸發時我們能做的最有效的行動之一，就是單純感受情緒，不立即做出反應。我們的大腦會變得不再那麼敏感，自然會感覺好一些。

ESCAPE
THE TRIGGERS
THAT KEEP
YOU STUCK

恐懼牢籠三號：

你害怕起衝突嗎？

任何心理學家都會告訴你，治癒來自於誠實面對我們的傷痛……直到我們正視它，然後才有可能以健康的方式前進。

——內特·帕克（Nate Parker）

FEAR
TRAPS

藍迪是經驗豐富的專業房地產經紀人典範，九歲時隨父母從哥斯大黎加移民到美國。如今四十多歲的藍迪穿著經典的藍色西裝和完美搭配的領帶，散發出優雅的氣質。藍迪第一次來找我是在剛開始職業生涯的時候，面對與其他經紀人的激烈競爭，他感到畏縮。我們一起練習分辨果斷有力和咄咄逼人之間的差異，他在市場上找到了自己的定位。

每次看到他的照片出現在社區內隨處可見的「吉屋出售」招牌上，總是讓我感到開心。藍迪已經成為本地最成功的房地產經紀人之一，但是有一天我接到他的電話，說他需要「重新進修如何為自己發聲」。我很高興再次見到他。

步驟一：講述你的故事

藍迪在我對面坐下，開始述說：「史戴拉醫師，我弄了一個新事業，但是進展不如預期。我一直很會賣房子給那些養大孩子之後想要換個小房的夫婦，雖然我已經賣了那麼多房子，我和我太太達麗雅自己卻還沒有買房。你可能還記得，我太太是室內設計師。我們一直在等待合適的房產，坦白說，我們想要一個非常完美的家。

「達麗雅和我決定一起拓展業務。我們參加了一個講座，學習如何買下老房子裝修然後轉售。我了解房地產，達麗雅了解室內設計，但是我們兩個都沒有建造或設計建築的經驗。聽到講者說的東西，我們一致認為這是我們想做的事情，但我們也發現需要跟其他人合作，或許是另一對夫婦。

「講座下課休息的時間，我們遇到了一對迷人的夫妻，馬特和凱特，正是我們要找的人——至少當時我們是這樣想的。凱特也是房地產經紀人，馬特是承包商。他說，如果我們有需要的話，他認識一些建築師，還說：『凱特很謙虛，其實她揮槌的功力不輸老師傅，可以幫忙做一些工程。』」

藍迪向我解釋了他們兩對夫婦如何立即投入這個專案。「計畫很容易就成形了，凱特和我一起尋找有潛力高價轉售的待修房屋，裝修期間，我和達麗雅住在裡面以節省租金。白天我和達麗雅上班的時候，馬特就開工裝修，凱特可以幫忙一些簡單的工作來壓低勞動成本。我們估計裝修需要六個月的時間，然後就可以出售，費用和利潤平均分攤。如果成功，後續就照樣進行。」

「聽起來是值得期待的商機，」我說。「但是現在你人在這裡，表示事情沒有像你們計劃的那樣順利？」

「一點也不順利！我們搬進要裝修的房子已經是一年半以前的事了，現在比原定的期限晚了整整一年。馬特和凱特結束一天的工作就能回到他們溫馨的家，而我們呢，卻被困在這個垃圾坑裡。簡直是亂到家了。」

「為什麼延誤了呢？」

「馬特是一個極端的完美主義者，什麼都不夠好。瓷磚快要貼完或是櫥櫃快要裝好的時候，他會說『不好不好，通通不好』然後拆掉重做。凱特總是站在他那邊。我覺得他們做得很棒，也這樣跟他們說了，真的是好話說盡，拚命支持和讚美，但這兩個人幾乎不可能完成任何事情。這段時間以來，達麗雅和我一直住在施工到一半的房間裡，走到哪都是木屑。我的婚姻也受到了影響，因為我老婆認為我需要對他們強硬一點。她說：『藍迪，他們花的時間都可以建完泰姬瑪哈陵了。』」

「聽起來真的很辛苦。你對這個情況有什麼感覺？」

他的臉上掠過憤怒。「我全力控制自己不要發火。我對自己捲入這團混亂感到非常憤怒。老婆的嘮叨讓我煩死了。馬特和凱特真是荒唐。我對他們的抱怨可以寫成一英里那麼長的清單。」

「你和你的妻子有跟馬特和凱特談過這件事嗎？」

他嘆了口氣。「我們試過了。達麗雅只是坐著生悶氣，先是對他們生氣，然後氣我沒有劃清界限。」

「達麗雅沒有發表自己的意見嗎？」

藍迪不好意思地笑了笑。「史戴拉醫師，你還沒見過我太太。她完全有能力表達她的想法，但我要求她讓我處理這件事，因為我不想和凱特搞壞關係。凱特是一位非常受尊敬的房地產經紀人，如果她想損害我的名聲，那是輕而易舉的事。」

我點了點頭。「所以達麗雅忍住不說話，但是不滿意你處理這件事的方式。」

「達麗雅對所有參與其中的人都不滿意，尤其是我。」

我笑了笑指出：「聽起來你對其他三個人也不怎麼滿意。」

他搖搖頭。「更糟的是，馬特和市政府發生爭執，有一項檢查還沒有通過。他在這棟房子做的很多工程沒有獲得適當的許可。反正任何事情完工之前，他就會雞蛋裡挑骨頭，嫌東嫌西，他非常難相處。

「我已經向馬特和凱特暗示過很多次，這件事花了太長的時間。我鼓勵他們做快一點，

「你害怕一旦開始談論你的感受，你會怒火中燒嗎？」

也提出一些可以加快速度的建議。但我越是試著讓他們加快速度，他們就越是反抗。馬特會說：『我也要考慮我的聲譽，如果這間房子做得很差，以後誰還敢用我？』凱特同意他的話，還說：『你們為什麼不支持我們，反而要拆我們的台？如果我們用最高級的材料和工藝創造出一間令人驚嘆的房子，售價會更高許多。難道你們的標準就這麼低嗎？』」

藍迪用手抹了把臉。「當他們開始指責我們，達麗雅就會站起來找藉口離開，說她需要回去工作。基本上我們住的地方只有一間臥室，但是衣櫃還沒完工。一間浴室有沖水馬桶和浴缸，但是沒有蓮蓬頭，還有一小部分廚房勉強可以做簡單的飯菜。一年半過去了還這樣！房子的其他部分還需要不同程度的修繕，我們非法住在這個沒有完工的空間裡，我是每個人眼中的壞人。」

我說：「你聽起來很生氣，但你還沒有直接找任何人談這件事。你害怕一旦開始談論你的感受，你會怒火中燒嗎？」

他點點頭。「是的，那樣會嚇到所有人。沒有人看過我真的發脾氣，不是什麼好看的場面。」他停頓了一下。「要是他們對我們發火怎麼辦？要是他們拋棄我們、留下一團亂怎麼辦？我對裝修一無所知，我們沒辦法獨自完成這個工程。

「達麗雅和我整天努力工作，希望回到家看到一個我們可以盡快賣掉的地方。但我老婆每次回到家看到馬特把剛裝好的電路拆掉，然後凱特還在捧他、稱讚他的高標準，她就會很生氣。這真是一團糟。我可能會失去我的投資、事業和妻子。」

步驟二：找出你的地雷

我向藍迪保證他的恐懼不是空穴來風，情況如果沒有改變，可能會往更糟的方向發展。但他是對的，發怒對任何人無益。

「藍迪，你過去是在哪裡學會這樣處理憤怒的？」我問道。

他思考了一會兒回答：「嗯，我想是在我小時候。這讓我想起被困在我那個混亂家庭中的感覺。」

從以前的會談中，我得知藍迪在俄亥俄州中北部的一個小鎮長大，是五個孩子中的老大。

「我家裡住了一大堆人，有姑姑、叔叔、祖父母、表兄弟姊妹，還有我的兄弟姊妹。屋子裡很吵，每個人都在搶著說話。我是一個安靜的人，會躲開那些亂七八糟的事。」

「你父母是什麼樣的人？」

「我母親掌管一切，就像一個將軍每天努力整頓在我們家行軍的親戚軍團。大多數時候，她人很好，她喜歡有人在身邊熱熱鬧鬧的。但是她時不時會發怒，這個時候就要小心了！我們大家都怕她。做錯事，她會打我們耳光，真的很生氣的時候，她會用皮帶抽我們。每次我媽發脾氣，我都很無助。

「我爸從來不為我們出頭。一看到她追打我們當中的某個人，他就消失了。沒人可以幫我。我爸會縮到自己的世界，好幾天不跟任何人說話。當我爸自我封閉的時候，我媽會圍著他團團轉，試圖重新獲得他的注意，變回親切和藹的樣子。但是過了一陣子，她又會因為他這麼逃避而爆發。我絕對不想像她那樣對任何人發脾氣。」

我觀察到藍迪顯得很難受，於是說：「我敢肯定你很努力討媽媽的歡心。」

他笑了笑說：「我只希望不要被注意到。如果我的感受可能會讓人不開心，我就不會表達出來。為了省錢，我上的是本地的二專，然後直接進入房地產這一行。我不想給爸媽增加額外的壓力讓他們煩心，所以想盡快賺到錢過好日子。」

過去並不是問題所在

兩個人有可能經歷相同事件但是反應和解釋截然不同。我們對生活事件的感知往往與實際發生的情況不同。首先，我們只看到了事件的一部分，只能從我們自身的視角看到事情。其次，我們看到的這個部分還會被濾鏡染色，因為我們所有人都戴著過去全部經歷所形成的濾鏡。這意味著我們賦予事件的意義可能對其他人來說並不存在，結果就是我們對事件的認知影響了對事件的感受和想法。

因此，在處理過去的事件時，實際發生了什麼並不重要，重要的是你的感受和體驗。說真的，沒有人的回憶是完整無缺的，儘管經歷的是相同事件，但是每個人的生理和情感視角不同。我們的經歷被記錄在大腦中，影響我們現在的生活。無論是否符合真正的歷史，我們對這些記憶的解釋決定了我們未來的習慣和觸發因素。

「你有沒有當面跟父母對質、談這些事？」

藍迪的眼睛因為憤怒而變得黯淡。「有，那個時候我剛搬離家鄉，但是回來過感恩節。全家人都在。我們吃完飯，大家都去客廳坐。然後我媽開始對我和我弟弟史都華大喊大叫。「她在那邊喊：『哦，你們兩個，這樣不行！你們要負責廚房工作！』然後她劈哩啪啦地說我們應該要有貢獻，說我們什麼忙都不幫，說我們怎樣不常在家。

「她一直說一直說，貶低我的成就，把我當成小孩看。我弟推了推我要我算了。我通常很冷靜，可是她越侮辱我，我越感到憤怒在累積。我轉向我媽，告訴她我現在是個成年人，有自己的事業和收入。我竟然提高了嗓門，大聲說：『你不能像小時候那樣打我，你現在必須把我當成年人那樣對待。』

「我的話讓她整個大暴走。另一個房間裡的所有人都安靜了下來。她開始對我大喊，質問我以為自己是誰。我氣到發抖。我媽也氣到發抖，對我咆哮：『滾出我的房子。現在！』

我弟弟抓住我的手臂，把我拉了出去。我們一路走到停在街邊的車子，沒有聽到任何人開口。這個時候我才意識到，我剛才對她爆發的樣子就像她對我那樣。後來有好個月我都沒有回去探望，等到我回去的時候，大家都一副從來沒發生過那件事情的樣子。

藍迪舉起雙手。「我要期待什麼？我媽媽會突然承認她錯了？不可能，試著解釋真是蠢斃了。然後我怎麼辦？向我自己的媽媽發脾氣？這樣不對。如果我只能選擇變得像她那樣壞脾氣，或者像我爸那樣壓抑自己的感受保持和平，那麼我決定選擇跟隨我父親的腳步。」

藍迪已經放棄抵抗，決定避免哪怕是最輕微的衝突，因為那會引發恐怖的回憶。他不希望有人對他生氣，也害怕自己再次生氣會情緒失控。藍迪有一個錯誤的信念：如果沒人生氣，他就是安全的，家庭也會和睦。所以當衝突來臨時，藍迪從不堅持自己的立場，他像父親一樣避免與任何人對質，避免表達任何不高興的感受。

藍迪的第一個地雷：面臨別人可能生氣的威脅

「我知道你和你母親之間有很多憤怒，但這和這次房屋翻修的情況有什麼關係？迴避緊張的關係並不會讓事情變得更好。」

藍迪悲傷地笑了笑。「我真是自作孽。這件事我怎麼做都不對。我在努力阻止馬特和我太太發脾氣互相攻擊。凱特和馬特站在同一邊，每個人都對我越來越火大。我快發瘋了。」

我們必須主動積極處理年輕時留下的傷疤和自我毀滅的模式，要不然很有可能在成年

「我們必須主動積極處理年輕時留下的傷疤和自我毀滅的模式，要不然很有可能在成年後重現。」

後重現。藍迪小時候的困境是母親的壞脾氣和父親的被動消極。現在即使已經長大，他仍然允許相同的情節發生，他還沒有意識到自己比年輕時更有能力，有更多的選擇。

藍迪的第二個地雷：害怕自己的憤怒失控

百般嘗試維持和平卻失敗，這讓藍迪心裡的怨和怒越來越多。不喜歡衝突的討好型人格，讓他對自己內心滋長的憤怒更加驚恐。如果他失控了會怎樣？他不想傷害任何人，但他已經走投無路了。他只看到兩個選擇：不是像他母親一樣施暴，就是像他父親一樣消極抵抗。

他告訴我：「我不想讓別人像我害怕我媽那樣怕我。我怕有一天我會失控，對他們所有人破口大罵。這是我最大的恐懼。」

我請藍迪告訴我，他對自己說了哪些不好聽的話。他苦笑著說：「你知道我會這樣？」

我點點頭。「被恐懼困住的時候，我們經常對自己說一些惡毒傷人的話。」

「哦，我說的可多了。」他列舉了其中一些：「你骨子裡就跟你媽一樣。如果你不壓抑你的感受，就會傷害到其他人。你想成為一個施虐者嗎？你想要毀掉你的婚姻嗎？把門關緊，否則你會失去一切。」

我評論道：「你的清單很長。不過，我們可以中斷這些負面的自言自語。當你成功做到的時候，你會很驚訝地發現你的人生變得多麼不一樣。」

步驟三：描述自我破壞的模式

藍迪學到：當我們允許自己被潛意識中的恐懼控制時，我們採取的行動反而會導致我們極力想要避免的結果。就像藍迪為了避免衝突結果導致無法以健康的方式處理衝突的局面。

但是，想要擁有真誠的關係就不可能避免衝突，所有關係都包含誤解和挑戰，這些問題可以和平解決，也可能因處理不當而惡化為破壞性的力量。在面對正常的人際關係衝突時，藍迪有兩種自我挫敗的策略。

自我破壞模式一：阻止開誠布公的衝突溝通

由於藍迪的母親無法控制怒氣，所以藍迪害怕所有關於衝突的討論和表現。他要求達麗雅保證不對馬特和凱特說任何話，封住了她的嘴。達麗雅不像藍迪的母親，她能夠在不爆發怒火的情況下表達不滿。但是藍迪太過敏感，無法容忍任何不快的表現，讓達麗雅開口對他來說感覺是天大的威脅。然而，要求達麗雅不要發聲，只會加劇雙方關係的整體功能失調。

自我破壞模式二：把所有問題歸咎於他人

馬特跟其他人打交道有困難，他跟市政府稽查員之間的敵對關係證明了這一點。的確，稽查人員可能也懷有敵意，雙方溝通不良時，責任完全在其中一方而另一方完全無辜的情況極其罕見。無論如何，不變的事實是：一年半後，他們仍然沒有獲得施工許可。

藍迪利用馬特的問題來為自己的逃避辯護。要不是藍迪這麼害怕開誠布公的溝通，說不定可以協助馬特跟市政府以及其他核發許可的機關打交道。相反地，藍迪置身事外，讓馬特獨自處理這部分的問題，這進一步加劇了衝突，也加劇了藍迪對怒氣爆發的恐懼。

步驟四：想像最壞的情境

憤怒對任何人來說都不是一種舒適的情緒，害怕衝突而被困在恐懼牢籠中的人，更是把憤怒看成致命的威脅。藍迪竭盡全力避免任何形式的衝突。我問了他一個簡單的問題：「避免衝突給你的生活帶來了和平安寧嗎？」

藍迪憂傷地笑出聲。「完全沒有，但是正面對質也沒有啊，你看我父母就拒絕承認我被虐待了。」

我向他解釋，當我們對過去的細節有強烈的情緒時，很容易困在其中。「你不需要你的父母承認任何事情。你的大腦記錄了這些情緒的記憶，這對你來說是真實的。別人確認我們經歷過的事情會讓我們感到滿足，但這並不是擺脫恐懼牢籠的必要條件。」

藍迪深深地呼出一口氣。「你這樣說真的給我很大的鼓勵。所以我不需要讓他們承認嗎？」

我搖搖頭。「你不再是個小男孩。你是個成年人，但你正在讓自己重複你最害怕的事。如果你繼續這種迴避衝突的模式會怎麼樣？」

「呃，沒有效果。不可能讓每個人都滿意。」

「現在可能發生最糟糕的情況是什麼？」

藍迪停頓了一下才回答：「馬特和凱特可能會生氣退出，把整個爛攤子留給我和達麗雅，包括我們要分攤的房貸、共同支付的材料和包商費用。我不知道他們會不會要求我們出錢買斷他們的股份，或者他們可能會搞什麼破壞。」

「關於這段合夥關係，這是你能想像到最糟糕的事情嗎？」我問。

「不是，最糟糕的情況是他們退出以後還起訴我們，要求賠償他們投資的部分，這是我能想到最糟糕的情況。」

「如果他們退出然後起訴你們，會發生什麼事？」

藍迪用看瘋子的眼神盯著我看。「為什麼要這樣問我？」

「因為我想幫助你看到你的適應力和韌性有多強。」我往後靠坐，仔細打量著他。「看起來你的呼吸不太深。」

藍迪深吸了一大口氣。「你說得對，我在屏住呼吸。」

「是的，我們被大腦的恐懼中心控制的時候就會這樣，我們會停止呼吸。我們先暫停一下，讓你冷靜一下。」

藍迪深呼吸了大約五次。「我現在好多了。我能感覺到區別。」

「是的，簡單的呼吸動作就能讓我們脫離恐懼的牢籠，更清晰地看待問題。所以讓我們回到剛才討論的，馬特和凱特可能會告上法庭。你和達麗雅會怎麼做？」

「哎，我猜我們得請一位律師。」

「如果你們請律師會發生什麼事？」

「會花很多錢。如果馬特和凱特打贏官司，我們會面臨破產，因為我們自己沒辦法負擔這個案子。」

「那麼接下來會怎樣？」

「我們會搬出那一棟需要裝修的房子。」

「如果你們失去一切，必須找另一個地方住，接下來會發生什麼事？」

藍迪停頓了一下，臉上露出痛苦的表情，然後回答：「達麗雅和我必須重新來過，從零開始。」

「所以你們可以找一間比較小但是不破爛的公寓，你們的生活狀況會大大改善？」

藍迪點頭。

「你的房仲執照還會在嗎？」

他想了一下。「在，我還是可以工作，但是可能不會留在現在的公司，太尷尬了。」

「你會找另一家仲介嗎？」

「應該是，我可能會去別的地方找另一家房仲公司。」

「達麗雅還能繼續做室內設計師嗎？」

「可以。」

我往後靠坐停頓一下，讓他消化這個可能性。「所以如果這段合夥關係發生最糟糕的情境：馬特和凱特退出，起訴你們，你們破產，那麼你和妻子會搬到一間小公寓，生活條件會比你們現在好很多。你會找一家新的房仲公司重新開始。對嗎？」

「對，差不多就是這樣。」

我問出了關鍵的問題：「你們能夠活下去嗎？」

「糟透了，那真是太可怕了。」

「是的，但是你們能活下去嗎？」

藍迪對我皺起眉頭。「經歷了這一切，我和達麗雅還能活下去嗎？我想是可以，但是我們的婚姻可能會出狀況。」

「如果出狀況，你們會怎麼做？」

「我們會來找你做夫妻諮商。」

我笑了笑，把談話導向另一個方向。「讓我們換個思路。與其犧牲自己去讓別人高興，如果你坐下來冷靜地告訴馬特和凱特，你跟達麗雅的感受，會發生什麼事呢？你們可不可以一起找出解決方案？」

藍迪承認他並沒有這樣做。「我把所有責任都推給他們確實不公平，我想沒有人是故意的。花了這麼長的時間，我猜想每個人都很失望，也因為這樣大家都變得防衛心很強。我真希望在合作之前更了解他們。」

「所以你怪自己？」

「有一點，」他承認。「我應該承擔起我這部分的責任。」

「任何夥伴關係都可能變質，認識很多年的朋友也會發生這種情況。我認為首先要做的是原諒你自己。當時你認為做出了最好的決定。」

「別人確認我們經歷過的事情會讓我們感到滿足，但這並不是擺脫恐懼牢籠的必要條件。」

「那個時候看起來像是天意，遇到一對跟我們有相同目標又能互補的夫妻，看起來很完美。」

「犯錯然後從中學到教訓是很正常的事。」

「沒錯，我需要停止對自己這麼嚴格。如果我們冷靜地談清楚，或許這個局面還是可以挽救。」

「無論結果如何，你已經面對了最糟糕的情況。要嘛你放下對馬特和凱特的怨恨，允許達麗雅為自己說話，繼續裝修那棟房子；要嘛整個合作破局，到最後你們破產但是找到一個更好的住處，然後繼續工作。」

「我能熬過這一切活下去，不是嗎？我可以鼓起勇氣跟達麗雅談，想好我們要怎麼辦。然後我們可以跟馬特和凱特談。不管怎樣，達麗雅和我都會沒事的。」

「對，沒錯，」我說。「你有很多選擇。你比你意識到的要堅強得多，達麗雅也是。」

步驟五：塑造勇敢的大腦

藍迪童年受過創傷，他的母親控制不住憤怒開始施虐，而父親在他需要保護時背棄了他。虐待和遺棄是對生存的直接威脅，藍迪的童年經驗在他心中埋下的恐懼是真實的，而我們所有人或多或少都有這種害怕再次被傷害的恐懼。

受到傷害時，我們常常會感到憤怒。憤怒是受害者的情緒，而藍迪小時候確實是個受害者。每個人一生當中多多少少會受到傷害，但如果把受害的意識帶入成年，我們會把自己看成永遠的受害者，因而放棄自己身為成年人所擁有的力量，始終活得像個長不大的孩子，丟掉對自己生活的控制權。

當我們把自己視為受害者時，我們自己也有可能變成加害者。受到傷害時，我們可能對其他人發動猛烈的攻擊，用這種方式逃避更脆弱的情緒，例如感覺受傷、被拒絕、被責備或被拋棄，我們在本書中討論過的所有情緒可能同時襲來。這會形成一個破壞性的循環，兩個人不斷互相傷害和被傷害。因此，我們必須在這些情緒爆發之前，以健康的方式面對，做到這一點，我們就能認定自己現階段擁有的能力，而不是退化回到小時候。

為了讓大腦平靜下來清晰思考，我們需要問自己：在這場對峙中最害怕的是什麼。也許你害怕被憤怒操控，說出或做出一些你會後悔的事情。也許你害怕對方會爆發。也許你害怕破壞或失去這段關係。但我向你保證，拒絕誠實溝通必然會危害這段關係。

透過意識到我們有能力應付最害怕的事情，就能塑造勇敢的大腦。一旦找出了最大的恐懼，我們可以問自己，這種恐懼是否真的可能發生。大多數時候，是災難化的想法在扭曲局勢，對我們說：這段關係一定會完蛋、那個人根本不會聽我們的，這些假設很少是公平或準確的。但如果真的發生了最壞的情況，我們必須意識到自己能夠活下去。如果對話觸發了過去的傷口，我們可以離開現場讓自己平靜下來。如果關係破裂，我們有能力承擔後果。

當我們認知到這一點時，大腦將開始平靜下來，而大腦平靜，就重新獲得了對其他人發揮同理心的能力，能夠辨識出我們投射到對方身上的錯誤假設，然後排除掉這些假設。我們也重新獲得了理解自己內心想法和感受的能力，我們必須先理解自己，才能期望別人理解我們。但最重要的是，我們可以確信無論發生什麼結果，自己都能活下去。

專注冥想練習

這個十五分鐘的練習，目標是幫助你面對害怕起衝突的恐懼，重複練習越多次，你的大腦在衝突出現的時候就能越快冷靜下來。這個練習將增強你大腦中批判性思考和同理心的部分，從而創造雙贏的局面。在開始練習之前，請先找到一個不會受打擾的舒適場所。

逃離害怕起衝突的恐懼牢籠

◆開始

找到一個不受干擾的舒適地方後，開始深呼吸，鼻子吸氣嘴巴吐氣。從頭到腳掃描你的身體，注意哪些部位正在承受壓力。

你可能會覺得肩頸或者臉和下巴緊繃。深吸氣送到這些部位，允許自己放鬆。你是安全的、有能力的，沒有必要再緊緊抓住這些壓力不放。

沿著你的身體往下移動到肩膀和手臂、手掌和手指，發現任何壓力或緊張的感覺就加以釋放。注意你的呼吸，是淺而快還是深而慢？花點時間放慢呼吸，逐漸加深呼吸，直到看見呼吸時腹部起伏，而不是肩膀在動。

現在專注於你的身體中段。體內是否有任何壓力？是否感覺到疼痛？把注意力集中到背部。你的肩胛骨之間有壓力嗎？深呼吸讓肌肉放鬆。接下來移動到中背部和下背部。再次想像把呼吸送到這些肌肉，釋放所有緊張。

往下移動到骨盆區域和臀部。這些大肌肉是不是保持緊張狀態？讓呼吸充滿你的核心肌群緩解壓力，把壓力轉換為有能力的感受和個人力量。

繼續往下到大腿、膝蓋和小腿，先專注於右腿，然後是左腿。轉動雙腳，動一動腳趾，讓壓力從你的身體流出，進入地板。

◆5分鐘時間到

今天的重點是在你心中打下自信、同情心和勇氣的地基。想一想你想要跟誰討論尚未解決的問題。我們常會從焦慮的角度出發，想像談話中可能發生的最壞情況。現在請反過來想一想這個人擁有的最好的特質，找出這個人身上你尊重和喜歡的具體例子。如果你和這個人的關係特別惡劣，可能只找得到一、兩個好的特點，但是無論如何請選擇你真心尊重的特質。

保持內心平和的狀態，問自己：「這個人的什麼地方讓我喜歡？」答案可能是：「我喜歡她的職業道德」或「我喜歡他總是樂觀的態度」。在接下來的幾分鐘內，對自己重複這種肯定。

・吸氣時，問：「這個人的什麼地方讓我喜歡？」
・吐氣時，說：「我喜歡【填空】。」允許自己對這個人抱有正面的感受。
・吸氣：「這個人的什麼地方讓我喜歡？」
・吐氣：「我喜歡【填空】。」

專注於這個正面的特質，越來越確信這是真的。如果你發現你的思緒轉移到了你不喜歡這個人的地方，就溫和地把注意力拉回正面。讓自己對他們產生同理心，對他們做出最好的假設。

◆ 8分鐘時間到

現在該輪到你專心承擔起自己這一方的責任。你應該負責了解自己，然後幫助別人了解你的想法和感受。如果你不說出你的感受或需求，別人就無法回應。責任在你身上，而不是由別人去猜測或讀你的心。

・吸氣時，問：「我想要或需要從這個人身上得到什麼？」

・吐氣時，回答：「我想要或需要【填空】。」

重複這個過程，請注意，隨著每一次呼吸，你變得越來越有自信。重複練習時加上你需要或想要從這個人身上得到的其他東西。允許自己相信這個人能夠以正面的態度回應你的要求。

◆ 11分鐘時間到

想像你正在與這個人交談，讓他們知道你想要或需要什麼。同時繼續深呼吸，尤其是當你的心思集中在最壞的情境時。提醒自己，無論這個人如何回應，你都能照顧好自己。

・吸氣時，向自己表達肯定：「我會盡力而為。」

・吐氣時，說：「無論結果如何，我是安全的，我很安心。」

重複向自己表達肯定，同時注意你的呼吸。你的呼吸有沒有變淺？或者還是保持深呼吸？一面重複肯定一面用心掃描全身，注意任何緊張的部位。讓肯定的話語對那些緊張的部位說話，為整個身體帶來放鬆和信心。

◆ 14分鐘時間到

慢慢把自己帶回外面的世界，再深呼吸幾次。

◆ 15分鐘時間到

經過這次冥想之後，你對自己和對方有什麼感受？定期重複這個練習，能夠增加你對處理衝突的信心，你也會發現更容易用冷靜的態度談論你的感受、需求和擔憂。

等到你對「必須面對不舒服的情況」這件事不再那麼焦慮，你會更能夠忠於自己的感受，減少憤怒或防衛心很強的表達，無論結果如何都能應對。新的神經通路將會形成，並且更容易對對方抱有善意假設。如果他們沒有按照你希望的方式回應，也不會動搖你對自己的信心，你還是能相信自己是有能力的，是誠實正直的。

步驟六：走出恐懼的牢籠

藍迪知道他不能再繼續逃避會談，我協助他做好準備。他們四個人之間的緊張氣氛日益升高，有一天，藍迪說：「就是今天，該是時候談談了。」

下一次藍迪進我診間時面帶微笑，他坐下來宣布：「好吧，事情比我預期的要好，但是比我希望的要糟一點。」

藍迪和達麗雅下班回家，像往常一樣發現馬特和凱特還在房子裡工作。藍迪問可不可以一起坐一會兒，起初馬特拒絕，說他還有很多工作要做才能回家。「我又問了一遍，說這很重要，於是我們四個人圍坐在廚房的桌子旁，請容我多說一句，桌子上都是灰。

「我開始說，我們都是抱著誠意和很高的期望加入這個計畫，大家都盡力了，可是花的時間比我們預期的要長得多。馬特打斷我，為自己辯護，我請他讓我把話說完。我向他保證我沒有生氣，也不想責怪任何人，讓我驚訝的是，這正是我的感受。我想要的是找出一個解決方案。

「我說，由於原本的時間表沒有達成，所以需要有新的安排。凱特問：『所以說我們要怎麼樣？你們沒有問我們就要改變計畫。』我說，計畫早在超過期限的時候就改變了，我們雙方都盡了最大的努力但是沒有按照期限完成，而且已經超時很久了。因為這樣，所以沒錯，我們需要重新協商安排。

「馬特往後靠，什麼也沒說。我繼續說：『達麗雅和我需要找另一個地方住到完工，也就是說我們對房屋改造的貢獻會減少』。馬特和凱特互相看著對方，顯然不太高興。

「我堅持說：『我們都投入了比預期更多的時間和金錢。』

「馬特氣呼呼地說：『那還用說。』

「所以說，馬特，我認為我們至少有三個選擇。第一，保持合作關係，但是重新評估預算，修改整個計畫。第二，其中一方買下另一方的股份，我們分道揚鑣各走各路。第三，現在就把房子賣掉，還清我們欠的錢，如果有剩餘的利潤就五五分帳。」

「凱特眼裡含著淚水，但還是點了頭。她伸出雙手和達麗雅互相擁抱，說：『很遺憾事情變成這樣』，達麗雅點了點頭。

「馬特說：『好吧，凱特和我需要時間考慮。我不喜歡你們把這件事推給我們。壞人可不是我們。』我還沒來得及再說些什麼，他就站起來衝出了房間。凱特一臉尷尬跟著他出去了。他們停止施工、沒有再來，不過我們已經排了這個週末商談敲定細節。」

「你感覺怎麼樣？」

藍迪嘆了口氣。「我覺得很輕鬆，像是卸下了肩上的重擔。達麗雅非常以我為榮。」他眨了眨眼又說：「她非常明確地表現出對她勇猛的老公有了新的敬意。」

我們都笑了。「你覺得你已經原諒自己逃避這個問題嗎？」

「是的，我不再對馬特和凱特懷有那種怨恨了。感覺像我已經原諒了所有人。現在我想做的就是達成某種協議，然後繼續過日子。」

藍迪明白了，當我們不處理事情時很容易產生怨恨。大腦原始的部分想要我們抓住怨恨不放，這是為了確保我們再也不會陷入類似的情況。煩惱焦慮時，大腦會產生多巴胺，這是一種讓人感到愉快的激素。我們的恐懼中心會因為我們的擔憂而獎勵我們，好像擔憂本身就能讓我們安全。其實，採取適當的行動保護自己才是安全的。

藍迪面臨的挑戰是認知到擔憂本身並不能解決問題。相反地，我們必須接受現實。不管發生了什麼，事情已經發生了，我們無法改變過去，過去已成定局。但是我們可以改變未來，方法就是改變我們看待和應對情況的方式。

我們大多數人像藍迪一樣，認為自己以客觀的方式看待世界，相信我們看到的事物就是真相。然而，我們所看到的現實往往是扭曲的，受到我們的感知偏見所影響，而我們的偏見反映了我們的創傷以及受到創傷時的年齡。如前所述，不論實際年齡多大，我們可能會依據受到創傷時的年齡做出反應。

寬恕的過程

首先，所有人都需要被理解，特別是在痛苦的時候。找一個願意傾聽的人，給你空間去體會你的感受。有些人會試圖勸你放下憤怒或怨恨，但這對你沒有幫助。你需要一個安全的空間，描述你的經歷，表達你的感受。得到認同有助於我們邁出下一步。

第二步，我們必須承認發生了困難的事情，而且結果無法改變。很多人不願意承認自己受到了嚴重的傷害，特別是當傷害來自於我們愛的人，或我們感到軟弱或羞愧的時候。這是很正常的心態。我們渴望更快樂的結局或結果，渴望情節翻轉變得美好，這樣我們就不必面對現實的痛苦。你可能需要一段時間才願意承認無法改變已經發生的事情，事情已經發生了。接受已經發生的事實並承認這個經歷造成了傷害，這是非常重要的一步。

第三步是認清對方的所做所為與你無關，他們的行為僅僅反映出他們當時的身分。你所說或做的事可能觸發了他們激烈的反應，但你並沒有「造成」或「強迫」對方變得殘忍、粗暴或麻木不仁。

後退一步抽離出情境，你將能夠單純觀察對方的行為。你不需要為他們的言行負責。傷害你的人沉浸在他們自己內心的創傷中，無法或不願意考慮你的感受。當我們能夠平靜下來意識到這一點時，就更容易釋放你對他們的責怪。

第四步，你必須認清你的行為是你的責任，你必須負起全責。如果你行為不當，不能責怪對方——正如同你不應該為對方的行為負責。我們很難超越自身的偏見，主動為自己做錯的地方承擔起責任，但還是應該認清人都有弱點，承認自己的弱點是最佳做法。

踩到情緒地雷被觸發時，我們不會理性行事，可能會被過去的包袱蒙蔽。當我們允許自己感受恐懼，而不是試圖忽視或埋藏恐懼，就能看到自己和其他人的人性。我們有好有壞，有弱有強，有完美也有不完美。接受這一點使我們能夠感受到同情，從而打開寬恕之門。

我們必須退一步，認知到我們和其他人一樣有偏見，無法客觀看待這世界。大多數人是從自己受傷的地方出發去傷害別人。通常一個人會因為自己內心的掙扎而對別人發作，並不是因為別人做了什麼。當我們意識到這一點時，就能放下痛苦和怨恨。

重要的是，原諒自己和別人過去發生的事情，這是你能給自己最好的療癒禮物。一旦原諒，就能解除憤怒、仇恨和壓抑的感覺，擺脫那些重重壓在胸口、在腹中打結、在腦海中轉個不停的負面情緒。

寬恕並不意味著你所經歷的傷害是可以接受的。事實上，寬恕是承認傷害確實發生了，而且你因此受苦。你必須認清傷害你的人應該對他們的行為負責。傷害你的人可能永遠不會要求原諒，選擇寬恕主要是為了你自己好，而不是為了對方。寬恕可以讓你擺脫那些有害的情緒，不再與那個人綁在一起，斬斷加害者對你的控制。寬恕是一種聲明，表明你不再允許自己受這種傷害影響。你宣告自己不但生存了下來而且更加生氣蓬勃，克服了過去的困難經歷。

寬恕的過程可以建立新的神經通路，你可以實際繞過大腦中記錄的傷害路徑。這不是某種虛無縹緲的正向思考魔法，一旦停止思考正面的想法就會消失。不，這是一個真正的解決方案，會成為你身體實際存在的一部分，是一個伴隨你一生的真實解決方案。

梅約診所（Mayo Clinic）的報告指出，寬恕對健康的好處包括：降低血壓、減輕壓力、減少憂鬱症狀、增強免疫系統和改善心臟健康。寬恕如果做得正確，就能帶來自由。

寬恕讓我們不再被復仇的欲望驅使。藍迪需要走出怨恨，達到寬恕的自由。我將寬恕定義為「選擇讓自己從憤怒中脫身，包括對傷害你的人，甚至是對自己的憤怒」。寬恕有助於與他人和自己建立更好的關係。你可能不願意與傷害你的人繼續保持關係，但若是對方為自己的作為負責，那麼這段關係或許是可以挽救的。要怎麼做完全取決於你。

重點整理

- 小時候我們需要成人保護我們，用尊重的態度對待我們。
- 我們也需要成人榜樣示範如何處理衝突、管理憤怒。
- 如果缺乏適當的榜樣，我們可能在成年後仍然不知道如何以建設性而非破壞性的方式正確處理衝突。
- 如果我們不知道如何處理衝突，會變得害怕衝突。當我們陷入害怕衝突的恐懼牢籠時，我們應對衝突的方式非常有限（戰鬥、逃跑或凍結）。
- 為了避免衝突，我們可能會壓抑自己的憤怒或試圖討好別人。
- 這通常會導致消極抵抗的行為，我們壓抑的怒氣用隱晦的方式釋放出來，惹得別人不舒服或不開心。
- 我們也可能克制憤怒直到爆發，說出或做出傷害別人的事。
- 我們可能會因為自己的感受而責怪對方，忽略自己在衝突中扮演的角色。

- 有效的衝突攤牌方式就是告訴對方我們的感受，尋找雙贏的解決方案。
- 只要走出害怕衝突的恐懼牢籠，便能看到許多解決衝突的選項，前額葉（也就是同理心和解決問題的中心）啟動，使我們能夠從對方的角度看問題。
- 此時我們往往能意識到對方並沒有惡意。即使有問題的行動是針對我們，問題還是在他們身上。在認知到這一點後，我們便能對自己和他人產生同情心。
- 如果對方拒絕承認傷害了我們，我們可以選擇終止與他們的關係。我們仍然可以選擇原諒他們，以釋放自己與他們之間、讓自己困在憤怒中的負面情緒。
- 寬恕是我們允許自己得到自由的過程，走出害怕衝突的恐懼牢籠，得到解脫。

ESCAPE
THE TRIGGERS
THAT KEEP
YOU STUCK

恐懼牢籠四號：

你害怕被忽略嗎？

人就像彩繪玻璃窗，太陽出來時閃閃發光，但是當黑夜降臨，唯有靠內在的光芒才能輝映出真正的美。

——伊麗莎白．庫伯勒—羅絲（Elisabeth Kübler-Ross）

FEAR
TRAPS

愛亞的尖叫讓我不得不把電話拿遠一些：「我必須見你！你絕對不會相信我老公做了什麼！」我擔心有什麼犯罪行為，所以同意當天與他們碰面。

這對三十出頭的年輕夫婦關係遇到了瓶頸，已經來找我諮商了一年半左右。愛亞是第二次結婚，傑夫是第一次。他們相遇的故事是傑夫帶著心愛的鬥牛犬莉莉走進愛亞經營的寵物店，對鬥牛犬的共同熱愛很快發展成浪漫戀情和婚禮，莉莉還在婚禮上擔任「狗花童」。

我在候診室迎接他們。儘管愛亞和傑夫都喜歡鬥牛犬，他們兩人看起來卻像大丹犬配吉娃娃一樣不協調。愛亞是日裔美國人，身高約一百五十公分，體重不到四十五公斤，打扮無可挑剔，自有一套顏色搭配法，看起來總是光鮮亮麗又迷人，走進房間時必定引人注目，只不過此刻她似乎被候診室的椅子吞噬了。

相較之下，傑夫是個高大的瑞典人，紅金色的頭髮，身材魁梧結實，幾乎無法塞進椅子，穿著舊舊的綠色刷毛上衣、牛仔褲和毛線帽，是一位相當受歡迎的本地藝術家。我推測傑夫可能畫畫到一半卻被打斷拉來會談——他沒刮鬍子，冒出了短短的鬍渣，沒洗的雙手沾染了彩色顏料。站起來的時候，傑夫像一座高塔俯視愛亞，身高差距將近五十公分。

我邀請他們進入診間。

步驟一：講述你的故事

我一關上門，愛亞立刻開始講她的故事：「是這樣的，大概三個月前，傑夫開始自己做花生醬，從花生原料開始做起。」

「是很棒的花生醬，」傑夫插話。

愛亞表示贊同：「對，確實很棒。我很高興傑夫想要有更健康的飲食，問題出在莉莉身上。我愛動物。我的工作就是整天跟動物在一起，但是我不想讓動物進我的廚房。廚房是我的沙漠綠洲。我喜歡烹飪，不想要在我的廚房裡弄狗。」

「是我們的廚房，」傑夫糾正她。

愛亞繼續說，不為所動。「傑夫同意莉莉可以去廚房以外的任何地方。可是昨天，我提早下班回家，我在我的廚房裡看到了什麼？」

「我們的廚房，」傑夫再次糾正她。

這次愛亞瞪了他一眼，傑夫往後挪了一下身子。愛亞看著我，盡可能平靜地說：「我不但看到莉莉在廚房裡——這已經夠糟了——而且傑夫還餵她吃他做的花生醬，他正在把莉莉碗裡剩下的花生醬刮出來放進我的罐子裡。」

「你的罐子？」

「好吧，我們就叫它『人用的罐子』，可以嗎？」她回擊道。「那是你跟我共用的罐子，不包括莉莉。」

他們吵著吵著，愛亞回頭看著我笑了一下，我才發現我臉上是目瞪口呆的表情。傑夫看起來惱怒又帶點困惑，我請他說出他的觀點。

「呃，吃莉莉碗裡剩下的花生醬從來沒怎麼樣，我們都沒事，愛亞也沒事，直到她發現這件事。這有什麼大不了的？」

「有什麼大不了的？第一，你同意不讓莉莉進廚房，你知道怎麼對付狗。第二，我一直在吃被狗的口水污染的花生醬。第三，你故意不告訴我，因為你知道我會生氣。我覺得你完全無視我的感受。」她開始哭泣。「我覺得你愛莉莉超過愛我。事實上，我不相信你還愛我。如果你不馬上向我道歉，不如乾脆離婚！」

傑夫翻了個白眼。

愛亞氣沖沖地說：「別把我的話當耳邊風，傑夫。我非常生氣。我不知道還能這樣持續多久。」

傑夫搖了搖頭。「我也不知道，愛亞，我真的煩透了這種小題大作的戲碼。」

步驟二：找出你的地雷

我要求愛亞跟我單獨會面，我們約好第二天見，更深入探討她的感受。根據過去的談話內容，我已經知道愛亞在辛辛那提的中產階級郊區長大，母親出生在美國，是日本移民的後代，父親於一九八〇年代中期從日本移民過來。愛亞的父母都是備受尊敬的專業人士，母親壽美代是醫師助理，父親山治是一家在辛辛那提有大型分行的日本銀行副理。愛亞是獨生女。

愛亞八歲左右跟父母去湖邊小屋度假，她還沒學會游泳，很期待父親教她。有一條棧道從陸地延伸到湖裡，愛亞和父親走到棧道盡頭的平台，俯瞰著湖水。

「愛亞，我們從這裡跳進去吧，我來教你游泳。」她爸爸說。

愛亞搖頭拒絕：「我們去岸邊吧。我不想在這裡跳，太深了。」

她爸爸堅持水夠淺，一直哄她跳下水。「來吧，愛亞！很好玩的。」但她爸爸越是施壓，她就越不想跳。

「不要，我不想跳進湖裡！」她喊道。

她轉身要離開，爸爸抓住她的腰，把她抱起來丟進水裡。愛亞驚慌失措，開始拚命掙扎。她爸爸哈哈大笑。「你沒事的，愛亞。站起來就好。水不深，淹不到你的。」

但是愛亞因為掉進水裡搞不清方向，無法辨別哪邊是往上。她一直往下沉，吞了好多水。最後爸爸意識到她確實有溺水的危險，於是跳進水裡把她拉到安全的地方。愛亞的媽媽在小屋裡聽到了外面的騷動，出來發現女兒正在一面吐水一面大哭。她跑到愛亞身邊。

媽媽大喊：「山治，發生了什麼事？」

爸爸懊悔地搖頭。「我不是故意要害她的。」

「你把她丟進湖裡？」媽媽驚訝地尖叫。

「是。她反應太誇張了。我以為她會站起來，覺得這整件事很好笑。」

「好笑？」媽媽質問道。「這有什麼好笑的？」

「真的很對不起。我絕不會做傷害她的事——你知道的。」

「走吧，愛亞，我們進屋去。」她媽媽說。

回到小屋不久，愛亞開始嘔吐。湖水不乾淨，她病得很重。由於她母親是醫師助理，很快治好了她因為喝到湖水中的細菌產生的感染。她父親不斷道歉。但由於這次經歷，愛亞對兩件事產生了極大的恐懼：靠近水和感染疾病。她再也不嘗試游泳，並且經常對細菌和清潔問題大驚小怪。

愛亞九年級時，她念的中學爆發了頭蝨，班上二十個同學有五個頭上爬滿了這些討厭的小蟲。愛亞害怕染上頭蝨。她從未真正「得病」，但這引發了她過度注重清潔的惡性循環，因為她害怕不小心得病。

頭蝨肆虐的期間，她覺得父母忽略了她的恐懼。她想要每天晚上洗頭，而且不斷拜託媽媽檢查她的頭皮是否有蝨卵。起初爸媽認為她只是出於謹慎，但是經過幾個星期，她的執著讓爸媽兩人都很挫折。某天晚餐時，她的父親到達了極限。他猛捶一下桌子，大聲喊道：「我不想再聽到這件事！」愛亞看向母親尋求支持，母親卻低下了頭。愛亞被禁止再次提起她的焦慮。

「我一直知道我爸對把我丟進湖裡感到非常抱歉，所以我原諒了他。但是當他們拒絕談論我對頭蝨的恐懼，我跟父母的關係徹底改變了。在我稱之為『禁止令』頒布之前，我覺得我爸媽懂我、愛我。但是他們連聽都不願意聽我從頭到尾講我害怕的事，我感覺完全被忽略。我的感受對他們來說不重要，只是打擾他們生活的一件討厭的事。所以我乾脆當個隱形人。被背叛的感覺太巨大，尤其是我媽，我一直對她無話不說。

「我知道我氣的不只是莉莉和花生醬。」愛亞抖了一下。「但是花生醬的事真的很噁心。」

你每天有多少想法？

負面的自言自語會強化我們大腦中負面的神經通路。一些研究顯示，我們每天平均有六萬到八萬個念頭，如果這些想法大部分是負面的，不管是對我們自己、對其他人或人生的負面想法，都很有可能會觸發大腦釋放壓力荷爾蒙。

實際上，你能控制你的想法，只要你決定改變大腦中的化學路徑就能做到。重要的是識別情緒而不是壓抑情緒，你不需要被情緒傷害或拖累。你有能力看清情緒的本質，讓自己自由。

我咧嘴一笑。「我還蠻同意你的看法。我們需要在下一次的夫妻諮商處理這個問題。」

愛亞同意：「我更氣的是傑夫無視我的感受。我感覺他沒在聽我說話，就好像他根本不在乎我，不在乎我高不高興。以前就是這樣，我說我害怕或者不希望發生什麼事情的時候，人家不聽我的話，讓我很受傷。」

愛亞的第一個地雷：她明確的請求被違反了

死亡可能是人類最大的恐懼，但我們都必須面對自己終有一死。儘管愛亞並沒有生命危險，她對花生醬事件的反應卻彷彿她可能會死。因為她小時候差點溺死，導致她無法正確區分真實的生命威脅和讓她想起危險事件的觸發因素。

誰都不喜歡被忽視，我們都希望自己的需求能被認可，界限能被尊重。但是愛亞把違反她明確的請求與致命的危險聯繫在一起，她的杏仁核被觸發，再也無法理性思考眼前的狀況。

愛亞在廚房看到莉莉時，她意識到傑夫違反了他們的協議。正如她懷疑的那樣，傑夫經常讓狗進入廚房。焦慮淹沒了愛亞。火上加油的是，愛亞發現她吃的花生醬被狗的唾液污染，於是她深深落入了恐懼的牢籠。

她突然感覺自己像年幼時一樣，因為父親的錯誤判斷而受苦受難。從一方面來說，我們大部分人不會想吃狗吃過的花生醬，不高興或生氣是正常的，但由於愛亞被觸發，所以她的反應變得極端。

她過度反應，表現得好像她的生命受到威脅，再也無法信賴傑夫。她把傑夫不重視衛生等同於對她不關心不重視。愛亞認定傑夫的行為只可能意味著一件事：傑夫不再愛她，他們的婚姻即將走到終點。

當我們設立了適當的界限，沒有任何人能對我們構成威脅。即使你就站在連環殺手面前不到一公尺遠的地方，只要有一面厚厚的玻璃牆隔在你們之間，你就能毫髮無損。界限，不論是身體界限或關係上的界限，目的在保護我們不至於過分容易受到傷害和潛在的危險。

愛亞已經和傑夫設定了界限，但是傑夫並沒有遵守。對傑夫而言，這些界限無關緊要。對愛亞來說，違反界限是生死攸關的問題。愛亞這樣總結她的感受：「看到傑夫污染我們的食物，就像我爸把我扔進水裡後來又拒絕聽我說我害怕的事情同樣的感覺。我可能是反應過度，但我對這件事就是這樣覺得。如果他認為我的恐懼不合理，他就不會保護我。我感覺他不愛我。」

愛亞的第二個地雷：傑夫拒絕為自己的選擇負責

第二個地雷是傑夫對他們的協議滿不在乎。他違反了不讓莉莉進入廚房的約定卻沒有道歉，然後愛亞抗議他給狗吃花生醬又把沒吃完的部分放回罐子裡，傑夫卻置之不理。傑夫非但不承認他侵犯了愛亞的界限，反而嘲笑她的焦慮。

愛亞感到雙重的被侵犯。第一，傑夫違背了承諾，在她看來這是置她於

「當我們設立了適當的界限，沒有任何人能對我們構成威脅。」

危險之中；第二，傑夫拒絕承認自己有做錯任何事。愛亞設立界限時，傑夫沒有聽她的話，當愛亞告訴傑夫她有多難過時，傑夫也沒有在聽。

步驟三：描述自我破壞的模式

療癒過程中一個重要的部分，是理解我們對自己的說的話會影響我們的感受。自我破壞的思維模式有許多種，在愛亞對恐懼的反應中可以看到以下四種：

1 沮喪或氣餒的自言自語：「我真傻，竟然以為有人會愛我或聽我說話。」

2 踩到情緒地雷時自動產生適得其反的想法：「傑夫不在乎我的感受。他愛那隻狗勝過愛我。」

3 不合理而且非常偏頗局限的信念：「只有當傑夫聽我說話並且按照我的要求去做，我才會快樂。」

4 災難化思維，過度擔憂不太可能發生的結果：「要是傑夫再讓那隻狗進廚房，我們的婚姻就完蛋了。」

如同先前討論過的，在童年事件中第一次受到傷害時，我們竭盡全力保護自己，但是

「我們早已不再是兩歲、七歲或十四歲，
應該有更成熟的策略。不幸的是，越是重複這些過時的模式，它們在我們大腦中就越根深蒂固。」

身為孩子的我們選擇有限，仰賴父母和照顧者滿足我們的基本需求。我們的大腦尚未完全發育，因此無法針對生活中的威脅制定現實的解決方案。根據我們的年齡，一些可能的應對方法包括哭鬧、發脾氣、欺負弟弟妹妹，甚至試圖逃跑。但由於沒有能力開車逃到遠處或支付房租，最終只能困在原地，盡我們所能去應對。

一旦我們學會一種「有效」的反應，就會繼續這樣做。然而，童年的應對反應在成年後變得不成熟也沒有效果，我們早已不再是兩歲、七歲或十四歲，應該有更成熟的策略。不幸的是，越是重複這些過時的模式，它們在我們大腦中就越根深蒂固。

我要祝賀正在閱讀這本書的你，因為無論當年你用了什麼求生策略，肯定是有效的，你還能活著看書的事實證明了這點。但現在你是一個成年人，不再像小時候那樣依賴父母或照顧者，也該是時候認知到，你童年的防衛策略現在正讓你走向失敗。

自我破壞模式一：不詢問就擅自斷定別人的想法

愛亞一肚子火。「為什麼我這麼天真？傑夫不會守約，甚至沒辦法做一個體面的人。他似乎不懂衛生或疾病或任何事情。」

「你有問過他對你的感覺嗎？」

「沒有，我不需要問。他不再愛我了。他不關心我是不是害怕或者難過。」

愛亞說了許多關於自己和傑夫的負面的話，比如：

「我真傻，竟然相信他會講究衛生。」

「傑夫不聽我說話，就像我的父母一樣。」

「他愛那隻流口水的狗還比愛我多。」

「我要把他和他那隻髒狗踢出家門。」

你是否忽略了身體發出的訊號？

焦慮或憂鬱背後的原因有時看似神祕難解，但有時是因為我們忽略了身體提供的線索。很多時候只要仔細觀察大腦的運作就能找到解釋。

舉例來說，研究顯示童年時被忽視或不被傾聽的人通常皮質醇（主要的壓力荷爾蒙）濃度不正常，而皮質醇濃度失調往往會導致心理障礙如焦慮、憂鬱和創傷後壓力症候群（PTSD）。

皮質醇失調也會妨礙調節情緒的能力。好消息是，我們可以改變荷爾蒙的濃度，當我們意識到荷爾蒙在體內的作用，可以尋求更全面的解決方案去解決心理健康問題。

「愛亞，你對傑夫做了最壞的假設，事實上，你並不知道他真正的感受。除非你跟他談過，否則你只能猜測對方的感受。用猜的對於一段關係來說是危險的事。只有傑夫能向我們表達他的感受。我認為我們現在需要專注在你身上，而不是假設你知道他心裡在想什麼。」

事實上，愛亞不知道傑夫在想什麼或感受如何。他們的談話越過了彼此，誰也不聽誰的。一旦愛亞確信傑夫不愛她，就威脅要結束婚姻。她的杏仁核掌控了大局，她只知道戰鬥、逃跑、凍結這三種選擇。她想要逃跑。

自我破壞模式二：放棄個人權力

花生醬事件充滿了戲劇性，但其實問題原本可以輕易解決，只要弄一罐愛亞專屬的花生醬，不去碰傑夫的罐子，就再也不用擔心吃到被狗污染的花生醬了。

可是愛亞不願意考慮這個解決方案。她把太多的個人權力（personal power）交在傑夫手上，以至於無法運用創造力解決問題。當傑夫侵犯了她的界限（還得寸進尺），她被觸發變回了一個八歲的小女孩。成年女性比八歲的小女孩更有力量去執行自己的界限，因為八歲的女孩體型比較小，情感上也比較不成熟。儘管愛亞是個成年人，有能力執行自己的界限，她還是扮演了受害者的角色，威脅說如果傑夫不按照她說的做，她就要離開。

使用威脅的人被困在恐懼的牢籠中。在家庭暴力的案例中，解決之道通常是離開受虐

「除非你跟他談過，否則你只能猜測對方的感受。
用猜的對於一段關係來說是危險的事。」

的婚姻。但愛亞的情況並不是這樣，儘管當時她感覺像是受虐。愛亞沒有自信能在傑夫面前執行她的界限，這是她感到如此無力的根本原因。她開始相信，唯一能讓她安全的方法就是遠離她的丈夫和他的狗。

步驟四：想像最壞的情境

我請愛亞具體描述她害怕會發生什麼事。

愛亞毫不猶豫地說：「這個嘛，首先，我可能會生病。」

「莉莉生病了嗎？」

「沒有，但我還是有可能會生病。」

「你在湖邊生病的時候發生了什麼事？」

「我媽媽照顧我。我吐了很多次，有點像食物中毒，過了幾天才好。」

「如果你被狗傳染會怎樣？」

她很生氣。「我可能會死！」

我對她微笑：「你從莉莉身上感染疾病而死亡的機率有多大？」

愛亞皺起了眉頭。「反正有可能會死。」

「但如果你真的生病了，會發生什麼事？」

「傑夫會帶我去急診，我會得到治療。」

我點了點頭。「然後呢？」

「我會康復，但我會更生傑夫的氣，因為他違背了他的承諾，害我生病。」

「那麼，如果你因為生病而生傑夫的氣並且責怪他，之後會怎樣？」

她把鼻子抬得高高的：「我會告訴他，看是要選我還是莉莉。」

「你幾乎跟傑夫一樣愛莉莉。」

「對，但這不一樣。他不能縱容她而忽視我。」

「那麼，如果你要他在你和莉莉之間做選擇，會發生什麼事？」

愛亞皺眉。「老實說，我不知道。如果我強迫他在我們之間做選擇，我想他可能會選擇莉莉。如果我堅持劃清界限，他會很難過。」

「假設他選擇了你，然後呢？」

「我會難過，因為我不想把莉莉送走。」

「所以問題不在狗，對嗎？」

「對，我不想失去他們兩個當中的任何一個。」

「如果你們考慮離婚，會怎麼做？」

「我們會來找你談，希望能找到解決的辦法。」

我向後靠坐。「愛亞，如果發生最糟糕的情況，就是今天你現在的情況。基本上你正在經歷你擔心的最糟糕的情況。你能夠活過今天嗎？」

「能吧，可以。」

「你能想到會發生的最糟糕的事情是你們會進行婚姻諮商，想辦法度過這段困難時期。你們兩個人必須找到方法設定並且尊重彼此的界限。希望你們能做到。」

步驟五：塑造勇敢的大腦

當某人的行為或言語踩中我們的地雷時，做出反應的是我們內在的孩子。在愛亞的例子中，傑夫的行為讓她內心的八歲小孩感到恐慌。身為一個八歲的孩子，她無法保護自己不被扔進湖裡，她需要一個成年人來保護她的界限。身為成年女性的她表現得依然像是需要一個成年人來加強她的界限，她放棄了掌控情況的個人權力。恐懼蒙蔽了她的雙眼，看不到她自己現在就是那個她需要的成年人。

踩到情緒地雷時，我們會感到害怕，經歷這種恐懼並不丟臉。但我們需要認知到，人生歲月中，自己累積了無數經驗，當我們需要自我安慰時，我們自己就是那個可以提供撫慰、有能力的成年人；需要保護時，我們自己就是那個可以提供保護的強大成年人。這種認識能讓我們認可自己的感受，同時撫平恐懼。

專注冥想練習

當你感覺自己的需求沒有得到滿足時，這個十四分鐘的練習可以提醒你自身的力量和能力，日積月累的練習能讓你重新獲得安全感，設立界限保護自己的需求，並且能夠向周圍的人傳達你的需求。

逃離害怕被忽略的恐懼牢籠

◆ 開始

找到一個舒適的姿勢，手臂和腿自然放鬆不交疊。鼻子吸氣，嘴巴吐氣。你可能呼吸很淺，主要是從胸腔呼吸，請把注意力集中在深呼吸到腹部。可能需要花一點時間，你才會足夠放鬆，肚子隨著每次緩慢呼吸而擴張和收縮。繼續用鼻子吸氣，嘴巴吐氣。

◆ 5分鐘時間到

現在你更放鬆了，請想像自己作為一個成年人，和小時候的自己坐在一個房間裡。當這幅畫面出現在你腦海中時，注意你是幾歲？穿著什麼衣物？你的感覺如何？

• 吸氣時，對小時候的自己說：「你很安全，因為⋯⋯」
• 吐氣時說：「我在這裡陪著你。」
• 根據你的需要重複多次。
• 吸氣時說：「你很安全，因為⋯⋯」
• 吐氣時說：「我保護你。」

根據你的需要重複多次。

• 接下來在吸氣時說：「你很安全，因為⋯」
• 吐氣時說：「我關注你的需求。」
• 根據你的需要重複多次。
• 吸氣時說：「你很安全，因為⋯⋯」
• 吐氣時，說出你腦海中出現的任何肯定的保證。

根據你的需要重複多次。

在接下來的幾分鐘內，重複這些保證，或者自己發想適合小時候的你需求的肯定保證。身為成年人的你有能力保護你的內在小孩，允許自己感到安全和被保護。

◆10分鐘時間到

想像你處在當下，對自己溫柔地說話，用新的肯定句取代負面的自言自語。

- 吸氣時說：「我的需求很重要，因為……」
- 吐氣時說：「我是一個有價值的人。」
- 根據你的需要重複多次。
- 吸氣時說：「我讓別人知道我的需求，因為……」
- 吐氣時說：「我是能勇敢發聲的成年人。」

根據你的需要重複多次。

- 吸氣時說：「我很安全，因為……」
- 吐氣時說：「我要設定界限保護自己。」

根據你的需要重複多次。

繼續練習，填入能夠增強你安全感的句子。你不是隱形人。你是一個重要的人，應該得到安全的保護，你的需求應該被滿足。

◆ 14分鐘時間到

現在把你的注意力帶回當下。經過這次冥想，你的內在世界已經改變了。你的大腦得到了舒緩，恐懼中心停止活動，新的神經通路形成。每一次練習這個專注冥想都會加強這些通路。

持續練習，你將更能夠在感到被忽略或沒有人了解你時安撫自己。你越關注自己，越了解自己，就越能與別人分享你的需求。你越愛自己，就越能相信自己的價值和尊嚴。

現在活動一下你的手指和腳趾，慢慢把自己帶回到外面的世界。

再深呼吸幾次。現在你已經準備好以自信的姿態投入生活，充滿新的活力，並且有能力為自己發聲。

步驟六：走出恐懼的牢籠

愛亞和我談了一個月，在這段期間每天冥想。她的自我價值感提升了，感到更有自信，不再那麼受威脅。她問我傑夫是否可以參加下一次的會談，我同意這將是積極的一步。

傑夫和愛亞坐在我的診間，對他們的關係重新燃起了希望。傑夫看著我說：「我愛她。我只是一直不明白為什麼她會對一些我覺得根本不重要的東西那麼生氣。」

我對傑夫表示同情並回答：「我相信你。我認為你沒有聽到她言語背後的恐懼。你願意從她的角度去看事情嗎？」

「我願意試試看。」

「愛亞，其實你也無視了傑夫的感受，只是你沒有注意到這一點而已。」

愛亞先是一愣，隨即臉色緩和下來。「現在我能理解了。我一直在抱怨他沒有聽我說話，但我也沒有聽他說話。」

愛亞看向傑夫。「我想要找到方法一起度過這個難關。」

「你們兩個都沒有好好聽對方說話，如果你們想要有成功的婚姻關係，就必須改變這一點。愛亞，你可以告訴傑夫，當他不尊重你的界限時你的感受嗎？」

「傑夫，我因為過去發生的事情感到非常害怕。我正在努力在自己過度反應之前先發現自己的情緒，但我需要你遵守我們的約定，這是最基本的善意和尊重。」

傑夫點頭同意。「我真的沒想到讓莉莉進廚房對你來說這麼嚴重，對不起。我沒有對你坦誠，而且我討厭你的規定。但是我想我們可以重新協商莉莉的事，讓我們兩個都滿意。」

「那麼，花生醬的事，你們兩個要怎麼辦呢？」

愛亞皺起了鼻子。「我會弄一個我專用的罐子，傑夫愛吃狗的口水就讓他去吃吧，我可不想再來一次。」

愛亞和傑夫都學到，要克服非理性的恐懼可能需要踏入完全不同的思維模式。愛亞自發選擇了準備自己專屬的花生醬，為傑夫設立了一道界限。她不再覺得有必要誇大情況好讓傑夫按照她的意願行事。傑夫也改變了他的行為，這使他們之間的信任得到了增強。我們需要設立適當的界限來保護自己，而不是推開我們愛的人，甚至是結束一段關係。我們保護自己的方法不應該是自我隔離，而是設立明確的規則，讓自己也讓別人清楚知道我們允許別人如何對待我們。

重點整理

- 小時候我們需要成人保護我們的安全。如果沒有得到適當的保護，或者有人侵犯了我們的界限，我們可能因此感到不安全，形成核心創傷。
- 我們也需要成人榜樣示範如何溝通我們的需求，並且設定明確的情感和身體界限，以確保這些需求得到滿足。
- 沒有適當的榜樣，我們可能直到成年仍無法學會如何設立界限，不知道如何確保自己的需求被認可和滿足。
- 身為成年人，我們有責任靠自己設立適當的界限來保護自己。在我們人生中占有一席之地的人應該尊重我們的界限。對於某些人，可能需要設定更嚴格的界限，因為他們可能會有意或無意地傷害我們。
- 我們有責任設立並維護我們的界限。為了保護自己，我們必須建立相應的後果，以防止他人侵犯我們的界限。
- 當我們告訴別人，我們感到害怕或不安時，我們必須堅持，要他們尊重我們的界限，傾聽和回應我們的感受。

踩到情緒地雷時，我們可能覺得自己處於嚴重的危險之中，儘管實際上並非如此。這就是一個反應過度的例子。

身為成年人，我們可以透過理解和保護自己的需求，安撫自己因為感覺不安全或被忽略而產生的恐懼。

ESCAPE
THE TRIGGERS
THAT KEEP
YOU STUCK

恐懼牢籠五號：

你害怕失敗嗎？

我們可以選擇是要完美無缺受人崇拜，或是選擇真實展現自我並且被愛。

——格倫農．道爾．梅爾頓（Glennon Doyle Melton）

FEAR
TRAPS

一個英俊的非裔美國人走進我的診間，向我粲然一笑，帶著自信和魅力坐在沙發上。他穿著卡其褲和筆挺的扣領襯衫，散發著成功的光環，彷彿有充分的理由對生活感到滿意。

我突然意識到以前在什麼地方見過格蘭特，於是問他是否曾經在另一個場合彼此認識。

「我想是沒有，但你可能最近在報紙上看過我的照片。我在本地一家大公司的訴訟案中擔任主辯。」

「啊，我記得那篇報導。那個案子拖了很久，對吧？」

格蘭特微笑凝望著窗外的樹木。「打贏這個案子是我職業生涯的亮點，而且這也增加了我將來從政競選的機會。」

「所以你對政治有興趣？」

「是的。至少那是我父親對我的規畫。他是地區檢察官，一直想成為代表本州的參議員，但是參選失敗，所以他決定由我來把家族姓氏帶進首都。我今年二月剛滿四十歲，事業一帆風順。但這不是我來這裡的原因。」

步驟一：講述你的故事

我請格蘭特再多說一點。他眼眸中閃過一抹怒意、瞇起了眼，但僅僅一秒鐘就消失了。他開始說話時，臉上換成了一絲笑意。

「讓我們先說清楚一件事：來這裡不是我的主意。我的妻子想要離開我，她說如果我不去看專業人士，那就是壓死駱駝的最後一根稻草。芮妮要求我去做婚姻諮商已經有一段時間了，我一直拖延，說這個案子太忙了。但是當然了，一個案子接著一個案子，從來沒有合適的時間。其實是因為我根本不想坐在像這裡這樣的地方。不好意思，不是針對你啊。」

「沒關係，」我說，「是什麼讓你抗拒去諮商？」

他回答的時候有點瞪著我的感覺：「去諮商意味著我在某方面失敗了。我不會失敗。」

我聽懂了他的意思。他說話的方式和說出來的內容差異過大，帶著微笑和溫情說出悲傷憤怒的話語，讓我有點傻眼。「那現在呢？」

「她上個星期告訴我，她受夠了。她要離婚，而且要求我搬出去，這樣她和孩子們就能繼續住在那裡不影響上學。我完全驚呆了。我說：『你在說什麼？這太突然了。』

「芮妮看著我搖頭。她說她已經不快樂很多年了，無論她做了什麼都無法引起我的注意。我拒絕跟她一起去婚姻諮商之後，她自己找了一個心理治療師。根據她的說法，是我讓她別無選擇，只能結束我們的婚姻。」

他停了下來，轉過頭去，似乎正在重溫與妻子的對話。等他回過頭看著我時，已經再次恢復了自制。「她說：『你願意的話可以去做心理治療，如果你能讓我看到你終於願意開始做一些事，我就再給你一個月的時間。但是現在你只能靠自己解決。你把我擺在你優先順序清單的最末尾已經太久了。』所以說，史戴拉醫師，我是被迫來到這裡的。」

「你看起來對這一切似乎相當冷靜。」

格蘭特笑了笑。「那是因為律師的訓練。」他用手揉了揉額頭，嘆了口氣。「其實我一點也不好。我睡不好，暴飲暴食，感覺我的世界快要失控。事實上是已經失控了，只不過這種狀況只有芮妮和我知道。我真的需要幫助，去處理我的焦慮，找出解決的方法。再這樣下去我會失去一切。」

步驟二：找出你的地雷

我請格蘭特多講一些他的背景故事，但與大多數案主不同的是，他搖了搖頭。

「我來這裡是為了談我現在這一刻的婚姻狀況，而不是回顧過去。」他的臉上首次流露出真正的悲傷，我還看到些許的恐懼。

「告訴我，為什麼你不想談論你的童年或家庭？」

「發生在我身上的事情，我不想再翻舊帳。我已經壓力夠大了。我怕如果談過去的事情我會徹底崩潰。我姊姊為了以前的事情去接受治療，結果反而變得更糟。她越是談論過去就越憂鬱，到最後不得不住院直到她恢復平衡。我不希望這種事發生在我身上。」

堅強的假象已經消失，在我面前坐著一個小男孩，害怕說出真相不知道會發生什麼事。光是這樣想就觸發了他的恐懼。我眼看著格蘭特落入了恐懼的牢籠。

「我在這裡是為了支持你，幫助你，而不是恐嚇你。」我向他保證。「以往有些治療師鼓勵案主反覆談論過去受到的虐待，認為面對它能夠減輕影響。但是，現在有大腦相關研究解釋了為什麼有些人的情況沒有好轉。」

「我姊姊的情況是變得更糟了。」

「是的，確實會發生這樣的情況，但那不是我用的方法。」我向他解釋了大腦如何記住創傷，以及他可以學會具體的方法創造新的路徑繞過那些記憶，而不是陷入黑暗的情緒中。他明顯放鬆了一些。

「好吧，我們來試看看效果如何。」他深吸一口氣開始說：「我的父母都來自中產階級家庭，靠著奮鬥得到今日的地位。我的父親還更上一層樓，在本地非常有影響力。外表向來都是很重要的。」他說，他和姊姊安娜擁有想要的一切：最好的學校、流行時尚、海外旅行，但他們對自己有個嚴格的期望，就是只能為家族帶來榮譽。

「安娜反抗這種壓力，在十八歲生日那天跟一個『低等』家庭的年輕人私奔。爸媽跟她斷絕關係，包括情感和經濟上的支持，而且要我必須在她和他們之間做出選擇。我不過是個中學生，我能怎麼辦？我怕爸媽會把我趕出去，所以斷絕了與安娜的聯繫。我一直沒有跟姊姊和好，這是我到現在仍然感到後悔的事情。」

「這就是把她推向崩潰邊緣的原因嗎？」

「父母的拒絕讓她完全失去了方向。她好像變成一個無法照顧自己的小孩。她和她的丈夫都太年輕又不成熟。她開始酗酒，生活開始走下坡，過得很悲慘。」

我點點頭。「看得出來這件事對你來說很痛苦。接下來你的人生發生了什麼事？你是怎麼認識芮妮的？」

「在法學院。我立刻就被她吸引了。她個子嬌小，笑容燦爛，中學是返校節女王，甚至贏過一些當地的選美比賽。我們馬上開始約會，但是我在求婚之前有先確認我的父母完全同意。我以為只要讓爸媽高興一切就會順利。我們畢業不久就結婚了。

「我進入了企業法的領域，芮妮則進入了家醫診所。我們過得相當不錯，買了一棟大房子，開好車，加入了鄉村俱樂部。我們是完美的一對。我會給芮妮驚喜，週末帶她去度假或吃大餐。我也經常送花給她。但是後來我們決定組建家庭，事情變得複雜。

「芮妮打算在兒子出生後重返工作崗位，但她發現自己真的很喜歡當全職媽媽。我們說好她辭掉工作待在家裡，我印象中她從來沒有想要回頭。到了三十出頭，我們有了第二個孩子，是個小女生。我覺得有必要加班來維持我們的生活方式，因為我們家只有我一個人有工作收入。另外，我的父親也向我施壓要我從政。從那個時候開始，芮妮就常抱怨我老是不在家。」

「她表達不滿，然後你做了什麼？」

「我承認我沒有太關注她，因為在我看來，我們是完美的家庭。」

我打斷了他：「完美是你的人生主題嗎？」

「我一直是個追求超凡卓越的人，為自己設定了極高的目標，」他說。「芮妮很漂亮，能和她一起出現在公眾場合總是讓我很自豪。而且她是一個了不起的母親，我們的孩子也非常出色。我已經盡我所能地賺錢，不過浪漫的度假是無疾而終了。」

他再次望向窗外。「這些話大聲說出來感覺我很自私，但是專注於事業比專注於婚姻要容易得多。要讓她開心感覺實在太難了，所以哪裡能獲得讚美和掌聲我就往哪裡去，我想是這樣吧。週末找保姆顧小孩好讓我們可以出門，這件事的麻煩程度似乎大過其價值，而我的父母就算沒出門也不是那種會幫忙看孩子的人。她越是試圖要我關注，我就越是抗拒。事實上，有時候我會被激怒到故意做出跟她的要求相反的事情。我不想被嘮叨，覺得她只會一直抱怨。」

他停頓了一下，然後繼續說：「芮妮和我以前對人生的追求是一致的，但現在我們似乎不同調了。她甚至問我是不是有外遇。我問她：『我哪有時間搞外遇？我一直對你很忠誠。』

「她問我這個問題之後，我知道麻煩大了。所以我送了她幾次花，還帶她出去吃了幾次大餐。我甚至送給她一條昂貴的項鍊，她很喜歡，經常戴著。但之後我又埋頭工作，忙得昏天暗地。有一天晚上，她當著我的面脫下了項鍊，說：『你不能用錢收買我，格蘭特。我想要一個真正的婚姻。』」

他低頭看著自己指甲修剪得整整齊齊的手指。「我要告訴你一件我從來沒有對任何人說過的事：我感覺自己像個騙子。一想到會失去芮妮、沒辦法每天看到孩子，我覺得很可怕。但你知道我還害怕什麼嗎？我害怕律師事務所的人發現我真正的生活情況。離婚的話，我要怎麼參加競選呢？」

格蘭特看著我，眼裡滿是痛苦。「自從芮妮告訴我她想要我離開她的生活，我感覺自己像一列情感失控、出軌的火車。這麼久以來，她一直纏著我要我這樣那樣，可是現在她變得非常安靜退縮。我知道她一直在諮商，要找出自己的路。如果我不想辦法解決這個問題，她會把我甩在身後。我根本沒辦法想像我父親會說什麼。我真的不知道該怎麼辦。我不想經歷離婚。」

「這讓你想起你過去的什麼事情嗎?」

格蘭特低下頭。「我一直在試圖贏得父母的認可,尤其是我爸。我整個童年都建立在成就和外表之上。我姊姊和我除非打扮得漂漂亮亮的,否則不可能被允許出門,即使是去買日用品也要保持體面。我的母親常說:『書的封面決定了它的價值,外貌決定一切。』

「我父親在我成長過程中特別嚴厲。他希望我每件事情都表現出色,如果做不到,他會用皮帶抽我。我媽什麼也不管。所以,相信我,我是個好學生。我會盡一切努力避免被抽。

「我爸個子很高,他在高中是籃球明星。事實上,他上大學是靠體育獎學金。我敢說你已經注意到我有點矮。」

我並沒有注意到,但是格蘭特指出這件事後,我可以看出他在籃球場上會遇到困難。

他繼續說:「但是他希望我跟他一樣進籃球校隊,說實話,我投籃很準。我常跟他在後院練習,但我討厭打球的每一分鐘,因為我根本不是那塊料。

「直到——」格蘭特露出微笑,「那個夏天我長高了。我十五歲,長那麼快其實很痛苦。過完暑假回學校的時候,我很有把握自己終於能進校隊了。」

「你進校隊了嗎?」

「沒有。其他人在那個夏天也都長高了。我是比以前高了，但有些人已經長到超過一百八。我意識到我永遠沒辦法讓我爸滿意。」

「你怎麼處理這件事？」

「我對教練吼叫，說我再也不會嘗試加入他愚蠢的隊伍，還說了一些髒話。回到家時，教練已經打電話給我爸，說我罵了他。我爸氣炸了，把我拉到車道上一對一比賽。我投了一球沒進，他狠狠拍了一下我的後腦勺。我跌倒了，暈了一會兒。我腦袋裡的某個東西斷裂了，站起來的時候我非常憤怒。我的怒氣讓我進入一種冰冷清晰的狀態。

「接著我火力全開。我爸還沒意識到我突然抽高帶來多大的優勢。我緊迫盯人，他投不了籃。球碰到籃框彈開時，我跳起來越過他灌籃。我完全壓制了他。事實上，我讓他丟盡了臉。他把球砸向地面，球彈起來越過圍牆掉進鄰居的院子。他什麼也沒說，直接衝進屋子裡。後來他再也沒和我打過籃球，也沒再打過我。」

格蘭特的第一個地雷：面對自己的不完美

格蘭特的父母教他用超人的標準自我要求。他學到了任何不完美的東西都是不可接受的，應該被消滅或隱藏，他必須是最好的，否則就是一文不值。格蘭特遭受的身體虐待和情感忽視留下了深深的傷痕，結果是他從未學會接納自己像其他正常人一樣有正常的缺點和優點。

我們的感覺不一定代表真實

我們的想法和感受並不總是告訴我們真相。舉例來說，我女兒五歲時堅信每晚在黑暗掩蔽下有一個怪物住在她床底。儘管我費盡口舌、徹底地檢查床底下，她還是相信怪物就在那裡。

她是真的非常害怕，所以一定要開著燈睡覺，以防怪物從藏身處出來。強烈的恐懼讓她相信怪物是真的。身為成年人，我們知道床下的怪物並不存在。然而，當我們相信自己害怕的東西會自動成真，這種心情就跟孩子沒兩樣。

你可能會感覺失敗的怪物正潛伏在某處等著羞辱你，但實際上並不是這樣。我們所有人都會犯錯，有時成功，有時失敗。每一次失敗都是學習的機會。當你開始害怕床底下或任何地方躲著怪物時，請記住這是孩子的想法，而不是成人的想法。孩子們害怕實際上並不存在的怪物。當你被恐懼困住時，你可能會像孩子一樣思考和行動。只要走出恐懼的牢籠，與當下的自我連結，怪物就會像變魔術一樣消失。當你擁有你自己的身分，也就是能夠主事的成年人，就能擁有自由。

格蘭特拚命想要獲得父母的愛，因此養成了凡事追求完美的習慣，這種習慣延伸到他生活的各個方面：他不僅想要美好的婚姻，也想要完美的婚姻；他不僅想要快樂的孩子，也想要得獎的孩子；他不僅想要好的職業，也想要能得到萬眾矚目的職業。他內化了父母給他的訊息：只有完美才能讓他有價值。

他內心的小男孩仍舊需要父母的愛與認可，他期望競選公職能讓父親給予他愛與認可。格蘭特如此專注於這個目標，以至於對婚姻中出現的問題視而不見。

失敗的感覺讓他喘不過氣來。他從未感受到父母的愛。他與姊姊疏遠，而芮妮——他認為唯一可以依靠的人——也威脅要離開他。格蘭特並沒有像個成年人那樣去面對這種情況，反而回到了小時候，再次感受到因為不夠好而被父親用皮帶抽打的刺痛。

格蘭特的第二個地雷：丟人現眼的威脅

格蘭特的父母把他教養成相信公開恥辱是最糟糕的悲劇，甚至因為這個理由與自己的女兒斷絕關係。如果他失敗的婚姻曝光，格蘭特預期會進一步遭到父親、朋友和同事的排斥。

格蘭特憤怒地說：「我不明白芮妮怎麼能夠為了她自私的需求而擾亂我們的整個生活。我們有共同的投資，有非常公開的社交生活，而且我在這個地區有一份引人注目的工作。她難道不知道公開離婚對她和對我來說都是一種羞辱嗎？」

格蘭特的核心創傷是害怕在失敗時被羞辱和拋棄，因為他內心暗自感到「不夠格」，所以如果沒有別人的認可，他就無法獲得安全感和歸屬感。在安靜下來的時刻，當格蘭特沒有為工作和義務奔忙時，一種難以忍受的痛苦會蔓延開來。他告訴我：「在某些時刻，我非常害怕我會掉到一個洞裡然後消失。我能應對這種情況的唯一方法就是保持忙碌。」缺乏安全感的格蘭特在自我厭惡和怪罪他人之間來回擺盪。

步驟三：描述自我破壞的模式

格蘭特成長的家庭表面事事完美但暗藏不能說的祕密，因此養成了極度不健康的模式，去處理他感受到的深刻羞恥感。他知道如果他像姊姊那樣公開讓家人難堪，他也會被父母拋棄。格蘭特也知道他順從父母拒絕姊姊的行為，加劇了姊姊的痛苦。他害怕自己一天比一天變得更像父親。

自我破壞模式一：躲在完美主義的假象背後

格蘭特高舉雙臂做出投降狀說：「我必須承認：我是個假貨！我從來沒有長時間感到快樂。我做的每件事似乎都不夠。」成功的時刻能夠暫時緩解他的自我懷疑，但是眾人的祝賀一結束，他又陷入了痛苦的深淵。他從沉迷於取悅他人很快變成了事事追求完美，這種追求從開始就注定了失敗。

沒有人是完美的，追求完美只會毀掉自己的人生。當我們無法達到完美時，另一種策

> 「沒有人是完美的，追求完美只會毀掉自己的人生。
> 當我們無法達到完美時，另一種策略就是假裝完美。」

略就是假裝完美。格蘭特兩者兼有。為了掩蓋任何軟弱的跡象，他不遺餘力塑造出一個基於偽裝而非真實的公眾形象。當妻子試圖與他談論婚姻中的問題時，格蘭特感覺她是在說他是一個失敗的丈夫。他從未真正問過她是否這麼想，只是自以為知道她在想什麼。這對格蘭特來說是個問題，因為在他看來，完美的婚姻是不會有問題的。但現實是所有的婚姻都會遇到挑戰，必須用心經營才能保持健康。

當芮妮最終劃清界限時，格蘭特表現得非常驚訝——他甚至對自己隱瞞了真相。他被杏仁核支配，這讓他覺得他的婚姻不是完美就是失敗，不是全好就是全壞，不是值得驕傲的就是極度羞恥的，沒有中間地帶。結果是他忽略了家人，現在一切都在迅速崩解。

自我破壞模式二：透過批評別人為自己的行為辯護

芮妮指控格蘭特不忠時，格蘭特營造的假象開始破裂。那一刻觸發了他這一生感受過的所有恥辱。他無法坐下來冷靜地討論問題。在他心中，芮妮變成了迫害他的人，就像他在法庭上面對過太多次的對手。他對芮妮的憤怒在我們的談話過程中傾洩而出，一些言論包括：

- 「她以為她有多特別，可以找到一個比我對她更好的人嗎？」
- 「我從來沒有對她發脾氣，即使她一直碎碎念對我施壓。」
- 「還有誰會忍受她？」
- 「我應該讓她走，等她自己回頭哀求和好。」
- 「我為什麼要來這裡接受治療？我沒什麼可道歉的。她才是那個有問題的人。」

透過責怪芮妮，格蘭特把所有的權力交給了她。芮妮成了大人，他則成了小男孩。他更進一步深陷於害怕失敗的恐懼牢籠之中。

步驟四：想像最壞的情境

對失敗的恐懼常與對生存的恐懼聯繫在一起，所以我問格蘭特，他希望我們的治療談話能帶來什麼結果。

「我希望你告訴我如何解決這件事。」

「好吧，讓我問你一些問題。」

「啊，你現在變成辯護律師了。」

「如果我不告訴你如何解決這件事，會發生什麼事？」

他看起來有點震驚。「那不是你的工作嗎？」

我搖頭否認。「我的工作是幫助你弄清楚你願意做什麼來改變自己，而不是改變情況。」

「嗯，你這麼說讓我很失望。」

「我們只能改變自己，但我相信你有能力做出重大的改變。只要有改變，無論我們處於什麼情況，都有希望。」

他依然聽不進去。「問題不在我。」

「也許不是你的問題，但如果芮妮提出離婚會發生什麼事？」

他變得激動了起來：「我的政治抱負會被毀掉，她會公開羞辱我，我會失去見孩子的權利，我父親會因此暴怒。我會失去一切。」

「我們先從你的父親談起。如果你爸爸生氣了會怎麼樣？」

「其實他很常生氣。我從來沒有達到他的期望，所以我想我只能再次忍受他的失望。」

我向他解釋：「你還小的時候要依賴父母才能生存。如果他們拒絕接受你，那是真的可能危及生命，父母的疏忽造成的威脅是貨真價實的。所以你對你父親的憤怒第一反應是強烈的恐懼，這是有道理的。但是作為一個成年人，你能夠承受你父親的批評活下去嗎？」

「我不需要他的認可來養活自己或以其他方式照顧自己。我明白你的意思。面對他的失望和批評會造成情感上的痛苦，但是不會威脅生命——這就是你想要表達的嗎？」

「這正是我要強調的重點。」

他聳聳肩。「這甚至可能是一種解脫。」

「好的，那離婚會怎樣影響你在律師事務所的地位呢？」

「很多律師都離過婚。這是一份壓力很大的工作。事實上，我們有個傑出合夥人已經娶了第四任妻子。」

「所以你的律師生涯可以承受離婚。」

「是的，但這並不是理想的狀況。」

我點點頭說：「不理想但是可以活下去？」

「好吧，對，我能活下去。」

「如果離婚還會發生什麼事？」

「我會想念小孩。那太可怕了。我每天盡量趕回家親吻他們說晚安。」

我承認這對他和孩子將會很痛苦。

他傷感地說：「離婚對孩子來說總是很難過。」

「但你會活下去，他們也會。那麼，失去芮妮會怎麼樣？」

「我討厭那樣。她曾經是我最堅定的支持者。」

「但是同樣地，你會活下去。」

「對。」

我往後靠坐。「我希望你注意一下你現在的感受。」

他想了一會兒。「嗯，我真的很傷心，但出乎意料地平靜。」

「芮妮想要你做什麼？」

「她想要我承認這一切都是我的錯。」

我向後靠了靠。「你是說她完全不承認在你們的婚姻中她也有錯？」

「好吧，你說得對。她沒有把責任全怪在我頭上。她想要我承認我並不完美。」

「你完美嗎？」

「當然不完美。」

「芮妮知道你不完美嗎？」

「知道。」

「她知道而且還是跟你保持婚姻關係，對嗎？」

格蘭特嘆了口氣。「她只是想要我為婚姻努力，停止逃避。」

「如果你為婚姻努力會發生什麼事？」

「我必須接受我不完美的事實。」他承認道。

「所以你可以選擇是要謙卑還是屈辱？」

「這是一種有趣的看法。」

我微微一笑。「在這種情況下，你擁有很大的權力。你可以保持現狀，躲在假象背後，很可能會失去婚姻，但最終會沒事的。或者你可以誠實面對自己，或許可以挽救你的婚

「我們必須接受自己的一切包括缺點，才能停止想要討好別人，也才能擺脫恥辱的威脅。」

姻。無論結果如何，你都能活下去。你打算怎麼做？」

他靠坐在椅背上，凝視遠處天空中緩緩移動的一朵雲。「如果你的方法能幫我挽救我的婚姻，那麼我可能會繼續回來找你談。」

我一定是看起來有點訝異，因為他笑了。「嗯，我們都知道我跟父親的相處有問題。未來我可能會準備好面對核心情感創傷——如果我能夠提起足夠的勇氣。」

他的話讓我臉上浮現笑容。「完成這個療程以後，你的大腦會變得更勇敢。我對你信心滿滿。」

步驟五：塑造勇敢的大腦

格蘭特不想再任由杏仁核擺佈。他想要相信無論婚姻、事業或生活中發生什麼事，他都會沒事。因此，他需要做出決定。他體認到完美主義是失敗的根源，因為每個人都會犯錯，他本人也不例外。窮盡最大努力也不可能完美無缺。我們常把自己的幸福感寄託在別人的認可上，而別人隨時可能宣告我們毫無價值。對於那些欠缺穩固的自我價值感的人來說，失敗的前景宛如天崩地裂。

改變必須由內而發。我們必須接受自己的一切包括缺點，才能停止想要討好別人，也才能擺脫恥辱的威脅。格蘭特因為落入害怕失敗的恐懼牢籠而自慚形穢，他有兩個選擇：允許羞恥感擊垮自己，或者接受自己是個不完美的普通人。輔導格蘭特的過程極具挑戰性，他對於「不是最好」的恐懼太過根深蒂固，以至於抗拒接受「夠好」的概念。因此，他承諾每天早上在上班前做下面的專注冥想練習。

專注冥想練習

這個十五分鐘的冥想，目的在讓你擺脫對失敗的恐懼，藉由練習冥想強化大腦中承認和肯定自己優點的神經通路，讓反射性自我譴責的舊習慣失去力量，自我接納得到增強。

逃離害怕失敗的恐懼牢籠

◆開始

找到一個舒適的姿勢，手臂和腿自然放鬆不交疊。鼻子吸氣，嘴巴吐氣。注意當你慢慢吸氣吐氣時身體的感覺。

選擇一個身體部位作為呼吸時的焦點。你可以專注於鼻尖，感受空氣進出的感覺，也可以專注於胸腔如何隨著每次呼吸起伏，或是專注於腹部的擴張。

選好一個身體部位就把注意力維持集中在那個地方。繼續慢慢吸氣和吐氣。吸氣，吐氣。

如果你發現思緒脫離了焦點，輕輕地把注意力拉回來。讓所有焦慮的念頭飄走。釋放所有的壓力。你正處於你應該在的地方，做著你和你的身體需要你做的事情。

◆5分鐘時間到

今天我們要處理內在的批評者，我們大多數人腦袋裡都有這種不斷自我批評的聲音，我們要開始從自我批評轉向感恩的狀態。當我們對自己說一些糟糕的話時，很難感覺自己夠好。現在你已經讓自己的心靈和身體平靜下來，所以內在批評者可能很安靜。或者也有可能儘管你一直在冥想，負面情緒依然強烈。

- 在這種放鬆的狀態中，問自己：「我喜歡自己的什麼地方？」
- 你可以回答：「我喜歡我關心別人的方式」，或「我喜歡我頭髮的顏色。」

在接下來的幾分鐘內，對自己重複這個肯定句。

- 吸氣時問：「我喜歡自己的什麼地方？」
- 吐氣時回答：「我喜歡【填空】。」

允許自己感到被接納，被愛，知道你有很多正面的特質。

- 吸氣：「我喜歡自己的什麼地方？」

・吐氣：「我喜歡【填空】。」

專注於這個正面的特質，越來越相信這是真的。如果你發現內在批評者在找碴跟你爭論，不要參與對話，只要把注意力轉回到正面的肯定句。

◆8分鐘時間到

現在轉為專注於另一個正面特質。

・吸氣時問：「我喜歡自己的什麼地方？」
・吐氣時說：「我喜歡【填空】。」

選擇一件你做得好的事、一個成功的時刻，或你知道自己很棒的地方。讓這個肯定自我的句子深深沉入你的心裡。

・吸氣：「我喜歡自己的什麼地方？」
・吐氣：「我喜歡【填空】。」

專注於這個正面的特質，越來越相信這是真的。如果你發現內在批評者在找碴跟你爭論，不要參與對話，只要把注意力轉回到正面的肯定句。

◆11分鐘時間到

現在轉為專注於感恩。研究發現，表達感激之情的同時說明感恩的原因，比起單純表達感謝更能增進我們的幸福感。

- 吸氣時，問：「我感恩什麼？」
- 吐氣時，說：「我感恩因為【填入具體原因】。」不一定是什麼大事，可能是感謝在快要遲到時找到一個好的停車位。

以上重複兩次。

◆14分鐘時間到

慢慢把自己帶回外面的世界，再深呼吸幾次。

◆15分鐘時間到

經過這次冥想之後，你對自己感覺如何？定期重複這個冥想練習能提高你的自尊心，你也會發現更容易扭轉內在批評者對自己的批評。當你在內心聽到對自己的負面評價時，可以選擇你在這個冥想練習中列舉的一個肯定句，把注意力集中在正面的肯定。

重複這個冥想練習的次數越多，正向的神經通路會變得更強，你將在大腦中建立一個新的習慣，當你對自己感覺不好時，會更容易意識到自己夠好。你可以提醒自己，你有能力控制內心批評的聲音。你不必刻意消除這個聲音，它愛說就讓它去說，你只要把注意力轉移到其他地方就好。現在你已經準備好帶著全新的能量重新投入生活，迎接你面臨的任何挑戰。

步驟六：走出恐懼的牢籠

格蘭特持續練習冥想，學會了在不被觸發的情況下解決他的問題，同時他發現自我接納需要謙卑。謙卑常與貶低、喪失尊嚴或不重要聯繫在一起，然而這種定義內含著評判——你比其他人更好或更差。當我們懷抱善意和自我接納放下身段展現謙卑時，則沒有評判。謙卑是接受我們做得好和做得不好的地方，學會擁抱自己的優點和不完美，不會苛責自己。

謙卑來自我們內心一處柔軟的地方，每個人都有心軟的點，在這個柔軟的所在，我們不在乎輸贏，感覺與周圍的人連結。謙卑讓我們能夠承認自己做得好的部分而不自我膨脹，接著能夠接受自己的不完美、錯誤和負面情緒，而不把自己評判為失敗者。

謙卑也讓我們能夠欣賞別人的天賦和優點，不要求他們達到不可能的高標準。透過接納他人，我們得以建立真誠的連結，不僅接納自己的人性，也接納彼此和人類的處境。

格蘭特剛開始療程時，芮妮很懷疑是不是能夠再次信任他，然而隨著時間過去，她看到格蘭特變得更有耐心，不再那麼執著於追求成就，變得更寬容溫和。她決定給他更多時間來證明自己能夠改變。雖然也有困難的時刻，格蘭特仍然會被觸發回到舊模式，但他越是採納謙卑的態度，就越能接受和面對自己不完美的部分。他不再那麼害怕聽芮妮解釋她的感受，防衛心降低許多，包容心更多。

格蘭特請我轉介婚姻諮商，他和芮妮開始一起致力修復婚姻關係。只有時間能證明他們會不會一起走下去，但格蘭特現在擁有的工具讓他有充分的理由滿懷希望。

重點整理

- 小時候我們需要父母和照顧者保護我們，給予我們接納和愛。
- 我們也需要成人榜樣示範如何給予無條件的愛，以及如何應對失望和失敗。
- 沒有適當的榜樣，長大成人後我們可能不知道如何接納自己，也不知道如何在失敗時獲得所需的支持。
- 如果在兒童時期，我們的缺點遭到非議或謾罵，成年後我們可能會經歷劇烈的痛苦，感到毫無價值、屈辱和羞恥。

- 對羞恥的一種反應是變得追求完美，這會讓我們陷入失敗的局面，加劇我們的不足感。

- 對羞恥的另一種反應是隱藏缺點，假裝它們不存在。為了保護自己，我們可能會創造成功的虛假形象，因而使自己與他人隔離。

- 不接受自己的人常會感覺自己像個騙子或假貨。

- 落入害怕失敗的恐懼牢籠時，我們會把自己定義為失敗者，而不是嘗試過某件事但沒有達到目標的人。

- 當我們無法接受自己的人性、優點和缺點時，往往也會對別人過於嚴苛。

- 儘管我們的大腦可能記錄了以羞恥為基礎的記憶，但我們有能力創造新的神經通路，建立自我接納和善意的路徑，避開觸發羞恥記憶的情緒地雷。

- 自我接納需要謙卑感，意識到我們不比任何人更好或更差。

當我們接受自己時，我們能夠歡慶自己的成功而不自滿，從失敗中學習而不感到強烈的羞恥或屈辱。

自我接納讓我們能夠現實地看待自己的優缺點。隨著我們越來越能接受自己，也更能接受別人的優點和缺點。

ESCAPE
THE TRIGGERS
THAT KEEP
YOU STUCK

恐懼牢籠六號：

你害怕未知嗎？

人一生的格局大小，取決於你的勇氣大小。

——阿涅絲．寧（Anais Nin）

FEAR
TRAPS

我對蘿拉的第一印象是平凡無奇的年長女性。她身高中等，一頭灰白的捲髮，穿著寬鬆的連身裙配平底鞋。她並不難看，只是很普通，是在人群中不太會被注意到的一個人。

我問她為什麼來見我。

「我的丈夫韋恩六個月前去世了。他與癌症抗爭了將近五年。」

「你們結婚多久了？」我問道。

「四十二年。」

我在心裡記下了這個數字。「哇，我能理解為什麼你需要額外的支持，你一定很失落。」

出乎我意料之外的是，她搖頭表示否定。「我在那方面沒什麼問題。韋恩和我有良好的溝通。我們花了很多時間回憶人生中共度的起起落落，還一起哀悼了我們無法共享的未來。在他過世之前，我們兩個人都已經接受了這個事實。」

「那麼，是什麼讓你來進行治療？」我很好奇。

她的回答既精闢又坦率。「我一生都在恐懼中度過。我害怕在高速公路上開車，害怕搭公車去探望住在城鎮另一端的妹妹，害怕晚上一個人在家裡睡覺。我到現在還需要開燈睡覺。我害怕走進充滿陌生人的房間，害怕自己去看電影或去餐廳吃飯。我不敢嘗試換不同牌子的鞋子、清潔劑或洗髮精。這些例子講都講不完。」

蘿拉吸了一口氣，然後繼續說：「韋恩臨終前，我們聊了很多我們本來可以做但沒做的事情，對這些事情一起大笑。韋恩也很害怕，他是這麼說的。他說，他很後悔因為害怕而錯過了很多想做的事情。他的坦誠幫助我承認了同樣的事情。我不想讓恐懼決定我餘生的生活方式。」

正是透過這些話，我看到了一個勇敢的女人，她渴望擁抱人生，不想再被她害怕可能發生的事情所支配。

步驟一：講述你的故事

我向蘿拉詢問她的童年往事，她告訴我，她成長於俄亥俄州南部的鄉下，位於辛辛那提和西維吉尼亞州的杭亭頓之間。「我父親是機工，母親是家庭主婦。我們家族都住在同一個社區，老實說我不記得有人出過遠門，除非是為了服兵役。大家普遍不信任『外人』。即使沒有人明說，但我從小就相信離開家鄉會很危險、很可怕。害怕外面的世界就是我們所有人的生活方式。

為什麼停止擔憂如此困難？

你知道嗎？你的大腦天生喜歡擔憂，這是真的。杏仁核的任務是讓你活下去，而我們身體的生存策略之一，是在杏仁核發揮功效時獎勵我們。如何獎勵呢？在杏仁核活躍時自動釋放一種叫做多巴胺的化學物質。

多巴胺是我們的快樂藥，讓我們感到高興；因此我們傾向於重複那些能產生這種化學物質的行為。你我都知道，擔憂會危害我們的身體健康和生活品質——好吧，我們的前額葉知道這一點。但是因為生存本身的重要性大過生存的品質，所以身體會獎勵杏仁核的活躍，但不會給予前額葉同樣的支持去進行理性思考。

由於多巴胺帶來了額外的快樂，我們自然不願意停止擔憂。然而，杏仁核經常在根本沒有真正危險的情況下被觸發。它無法區分真實的威脅和想像中的威脅，不管是擔心上班遲到、擔心別人怎麼看我們，或擔心被老虎追趕，都可能觸發杏仁核。當我們感覺自己處於危險之中——無論是否真的有危險——杏仁核就會接管，讓我們充滿了往往是毫無根據的擔憂。這就是為什麼停止擔憂如此困難。

要擺脫擔憂，你需要在大腦中添加新的神經通路。本書中的練習正是在做這件事，但需要一些時間和專注。請記住，我們的大腦需要不斷重複養成習慣，所以你必須選擇做出改變。只要你有意願想要變好，你就能做到。你有能力克服舊的模式，更妥善管理你的情緒地雷。

「別誤會，我的童年過得很好。我們不是很有錢，但我認識的其他人也都一樣。我們有很多愛，總是互相串門子一起吃飯或玩耍。」

「你是怎麼認識韋恩的？」

她微笑著說：「韋恩和我一起長大。我們的家庭很相似。第一批住在我們這區的一小群人裡面有我們兩家的曾祖父母。我們跟隨他們的腳步，非常以我們的小鎮為榮。事實上，韋恩在寶僑公司製造伊芙香皂的伊芙戴爾工廠找到一份穩定的好工作時，還引發了不小的閒言閒語。結婚後我們搬到了辛辛那提，距離老家七十五英里遠。」回憶起往事讓她咯咯笑了起來。「剛開始的時候我們回去過幾次，但是有了孩子以後，我們覺得跑這麼遠的路太危險了，改成寫信和打電話保持聯繫。」

蘿拉強調了她想要闡明的另一個重點：「我們被認為是家族的害群之馬，我和韋恩都是。我們的爸媽不斷逼迫我們搬回家，說那裡是我們的歸屬。起初我覺得很內疚，也很害怕離家那麼遠。但是我們能怎麼辦呢？在老家那邊，韋恩找不到工作。」

蘿拉解釋說，他們只有一輛車，所以她大部分時間待在家裡。但她很快就懷孕了，他們開始經營自己的小家庭。生了第一個孩子後，蘿拉不再感到孤立，她很享受當媽媽，生了五個孩子，每個孩子相差三歲。最後蘿拉的妹妹也搬到了辛辛那提，但住在城市的另一邊。他們每天通電話，每個月都見面。

她總結了她的童年：「韋恩和我從小就被教育要害怕、不信任外面的世界，就這麼簡單。沒有巨大的童年創傷，沒有什麼重大悲劇，我們只是被灌輸了對不認識的任何人事物心懷恐懼。儘管如此，我和韋恩還有我妹妹比我們家族的其他人走得更遠。」

蘿拉戴著恐懼的濾鏡看待一切未知和不確定的事物。她非常清楚知道自己已經準備好做出改變。她宣告：「我總是讓恐懼阻礙我，韋恩也是這樣。我的人生缺乏激情，我不是在講戀愛的那種激情，而是指生命的激情——冒險。我想要做以前從來沒有做過的事情，去見識只在書中讀到的地方。我想要走出去體驗人生的滋味，認識新朋友，體驗新文化，擁有讓我心跳加速的冒險。」

步驟二：找出你的地雷

「韋恩和我談了很多我們一起度過的人生，我已經盡可能為他的離去做好準備。但我沒想到的是，沒有他的房子變得這麼空蕩。」

蘿拉承認，孤獨的力量促使她更勇敢。「上個星期我有點恐慌發作。沒有人可以說話，家裡出奇地安靜，幾乎有些詭異。我感到非常孤獨，甚至有點害怕獨自在家。就在那個時候我決定要接受治療，我不想一直活在孤獨和恐懼之中。」

蘿拉的第一個地雷：孤獨和隔離的感覺

我問蘿拉在韋恩去世前的生活。她說：「我過得很好。韋恩和我養大了五個孩子，他們都已經獨立，不再需要我。我對我的生活很滿意，直到韋恩生病了。

「韋恩病得越來越厲害，我們花了更多的時間看電視。不知道怎麼搞的，我們迷上了旅遊節目和紀錄片，介紹那些遙遠的地方。我們在園景道的家住了將近四十年，搬進來的時候房子是新的。別誤會，我愛我的家和家人，但是現在我六十二歲，我只知道這一小塊世界和我在這裡的生活。世界上有很多不同類型的人，但我們認識的每個人都跟我們一樣。

「有一天晚上關掉電視以後，韋恩對我說：『蘿拉，外面有一個美麗奇妙的世界，我沒有時間了，但是你有。我想讓你知道，我希望你追隨你的夢想，不要為了我守在這間屋子裡。』」

她往後靠在椅子上，望向窗外，停了一下又說：「一開始我被悲傷吞沒，我沒有力氣去任何地方，也不想離開家。但是過了一段時間，這間房子不再是避難所，反而更像是監獄。」

蘿拉意識到她懷念能夠與人面對面交談的時光。「韋恩走了之後，我沒有人可以說話，每天都是。我被隔絕在這間小屋子裡面，因為我太害怕了。當然，我可以講電話，但是這和跟人在一起的感覺不一樣。如果我不克服我的恐懼，我會錯過太多東西。我很想見我的孩子和孫子、孫女，看著他們成長。我想成為他們生活的一部分，而不僅僅是電話裡的聲音。」

「韋恩的話不斷在我耳邊迴響。他不希望我被恐懼困在家裡。」她甜甜一笑。「如果我有足夠的勇氣去旅行，就能擁有豐富刺激的人生——或者說剩餘的人生，我希望我的餘生能過得更精彩。」

蘿拉的第二個地雷：遇到不熟悉或不可預測的事物

蘿拉解釋：「不管是為人妻、為人母或現在當祖母，我都覺得很棒，但我想要更多。你知道嗎？我只離開過俄亥俄州一次。我們去賓州的油城參加我妹夫的葬禮，我們是開車去的。我從來沒搭過飛機，海或山脈都只有在照片和電視上看過。我從來沒有走在沙灘上、在酒吧喝酒、搭火車，或是住在讓人眼睛一亮的旅館。說真的，我只住過兩次旅館，第一次是度蜜月，在市中心住了兩晚，但我們只住得起平價連鎖旅館；第二次是在油城，我們

「渴望感到安全絕對沒有錯，我們都需要安全感。
但是不願嘗試不熟悉的事物讓我們被恐懼牢籠束縛。」

住在一家老舊的汽車旅館，名字叫做老鷹旅社之類的。」

有些人過著充實的生活，你可能認識這樣的人，或許物質上並不富裕，但過著有意義、充實豐富的人生。他們的工作不是苦差事。他們很快樂，不因恐懼而汲汲營營。

我們當中有太多人被恐懼限制。我們建構的生活以得到安全感為目標，避開任何讓我們害怕的事物。在美國，物質財富等同於安全，隱含的許諾是財務安全就能快樂。我們越是被物質包圍，就越是感覺安全，於是我們消費、囤積和浪費。但在內心深處，我們知道物質或金錢的安全並不能帶來幸福、信心或有勇氣的人生。

有些人害怕離開熟悉的事物，抗拒嘗試新事物。比方說，你上一次在餐廳嘗試從未吃過的菜餚是什麼時候？熟悉讓人感到舒適，而舒適讓我們感到安全。我們害怕冒險。我說的冒險不是從事那些你沒準備好的危險活動，而是指願意改變，去追求我們真正想要的東西。走出舒適圈讓人感到恐懼，但正如我的許多案主發現的那樣，恐懼不是真正的問題。恐懼死不了人，你完全可以活下去。

渴望感到安全絕對沒有錯，我們都需要安全感。但是不願嘗試不熟悉的事物讓我們被恐懼牢籠束縛，阻礙我們充分探索人生的樂趣。

步驟三：描述自我破壞的模式

韋恩和蘿拉的家人教會他們恐懼，所以他們搬到辛辛那提後從未冒險遠離新家。蘿拉說：「韋恩和我都不認為我們能夠應付變化或旅行的挑戰。他病倒後我們經常討論這些。我們對自己沒有信心，沒有人教我們要自信。我們避免任何不可預測或具有挑戰性的事情，因為這就是我們家裡每個人的生活方式。」

自我破壞模式一：自我隔離，拒絕嘗試新事物

蘿拉和韋恩一起創造了安全的生活，儘管他們原本可以互相幫助嘗試新事物。他們從小受到的教育是把不熟悉的事物與危險聯繫在一起，因此他們總是回到熟悉的事物。

繼續像往常那樣生活對蘿拉來說簡單得多。但是隨著韋恩離開和孩子們搬出去，蘿拉

被獨自留在自己的思緒和深埋的渴望中。每一次當她感到渴望開始湧現，她總是迅速壓下，不斷澆熄內心激情的火花。

蘿拉之所以來接受治療，是因為她意識到這是一種根深蒂固的自我破壞模式。由於擔心極其不可能發生的情況，她的生活品質和人際關係持續走下坡。然而韋恩不在身邊造成的孤獨感如此強烈，激勵她做出改變。她體認到為了突破、實現更有勇氣的人生，她需要更多的洞察和支持。

自我破壞模式二：陷入災難化的思維

每當蘿拉想像自己離開家，開車穿過城鎮時，她的焦慮就會讓她停在半路。她的杏仁核被觸發，「萬一……？」的念頭占據了她的頭腦。蘿拉的大腦被災難化思維籠罩，對極不可能發生的最壞情況持續抱持強烈的擔憂，呈現為各式各樣負面的自言自語。

最新研究顯示，我們擔心的事情大約有百分之九十五並不會發生；換句話說，擔憂只是一種浪費情感能量的自我打擊。即使蘿拉開始意識到她陷入了恐懼的牢籠，災難化思維依然使她癱瘓。

她的思緒不斷繞圈，能量被困在大腦的恐懼中心，杏仁核給她的選擇只有戰鬥、逃跑或凍結，而她選擇了凍結。實際上她是一位非常能幹的女性，已經克服了人生最大的一些挑戰。

但她的信心一落千丈，因為她害怕自己輕易被家門外可能遇到的危險壓倒。對未知的恐懼使她變回了一個小女孩，聽著外面世界的恐怖故事，而她則安全地躲藏在家中。

步驟四：想像最壞的情境

蘿拉對我來說是一個獨特的案主。對大多數人而言，最恐懼的事情之一就是面對死亡。在韋恩生病期間，蘿拉和他一起勇敢面對了這個挑戰。韋恩臨終的過程和死亡讓蘿拉做了許多心理準備，因此她對死亡的恐懼已經消散了大半。死亡似乎不再那麼可怕，反而顯得安詳慈悲。然而她確實有一種不理性的信念，相信承擔任何程度的風險都可能讓她活不下去。她的恐懼使她無法判斷走出舒適區真正的危險程度。

「你有沒有發現，你和韋恩面對人生最困難的挑戰時，表現了驚人的堅強？」

當我指出這一點時，她吃驚地坐了回去說：「我想你說得對，我沒有這樣想過。」

「現在你最害怕什麼？肯定不是失去你丈夫。」

我能看出她的不確定。她靠在椅子上想了想。「嗯，我害怕幾乎其他所有事情：一個人睡覺、開車、出門去公共場所、拜訪新地方。」

「所以你被困在自己的家裡。」蘿拉點了點頭。「如果今天你可以做任何事，你會做什麼？」

「任何事？」蘿拉問道。

「對。」我回答。

能做她想做的任何事情這個念頭很誘人。「我希望有勇氣去看我妹妹。」蘿拉輕聲說。

「是什麼阻止了你？」

「說出來很不好意思，但是我不敢開車去那裡。韋恩會開車載我去任何我需要去的地方。」

「蘿拉，自己開車的什麼地方讓你這麼害怕？」

「我必須上高速公路，我討厭切進車道，大家開得好快，而且要開三十五分鐘。我想我可以搭公車，但是必須去市中心轉車。這樣一想，搭公車花的時間更長。但是如果我開車，然後害怕了，沒辦法開到路邊怎麼辦？」

「你為什麼需要開到路邊？」

她看著我，一副我應該明白的樣子。「要下出口的時候。」

「我們來做個實驗，想像一下，如果你錯過了出口會怎麼樣。」

蘿拉仔細思考。「呃，我猜我會開到下一個出口。」

「如果你害怕了，沒辦法開到路邊呢？」

「我會驚慌失措，恐慌的時候我會呆住。我不確定我會怎麼做。」

「你會直接停在高速公路上嗎？」

蘿拉笑了。「才不會，我沒那麼笨。」

我跟著她笑了。「對，你不笨。那麼如果你感到驚慌，你會怎麼做？」

她聳了聳肩。「我想我會繼續開，直到能靠邊停。」

「你的恐懼是一種感覺，一種糟糕的感覺，但只是感覺而已。你有能力決定要怎麼反應。」

「我想我可以在車子沒那麼多的時候練習開車去那邊，只需要開上高速公路切進車流一

「當你對自己有信心時，你知道你能應對無法預期的情況，未知變得不再那麼可怕，你的人生不再因為害怕未知而綁手綁腳。」

次。我想我能做到，聽起來沒那麼糟糕。如果我能開高速公路，也會更容易去參加孫子、孫女的活動。現在我都繞路走。如果出了什麼問題，我還有AAA會員，以前我就用過道路救援。」

我再問了一次：「現在你害怕什麼？」

「我真的很怕我應付不了這些事情，但我知道這不是真的。結婚的時候我搬離老家，很困難，但是我做到了。我照顧韋恩，陪他按照他想要的方式離開。那是我遇過最糟的事情，但是我做到了。我養大了五個孩子，管錢掌家。即使我不喜歡，但是我確實做了不少事情。」

我承認她很能幹。「你的家庭教你害怕你能夠應付的事情，雖然不是故意的，但這削弱了你的自信心。其實你在生活中已經表現得非常勇敢，只是沒有注意到而已。你能做得到，我確定。」

步驟五：塑造勇敢的大腦

蘿拉正面迎向恐懼，認知到問題的核心是她對自己應對情況的能力缺乏信心。她說：「說真的，我並不怕死，但是跟朋友出去吃飯會讓我害怕。最糟糕可能會發生什麼事？我可能會出車禍死掉。那很可怕，但是我知道我不能讓它控制我的決定。我已經面對過最糟糕的情況，也就是死亡本身，所以其餘的應該都很容易應付。」一旦蘿拉體認到這一點，就能開始開闢新的勇氣之路，蓋過那些阻礙她實現夢想的舊有恐懼路徑。

增加你的主動控制感

你是否曾經被人說過有「控制狂」？許多人試圖掌控局勢，因為未知讓他們滿心焦慮。他們害怕遭遇措手不及的危險，對自己應對這種情況的能力缺乏信心。結果是害怕未知的人難以忍受不熟悉的新事物，因為它們是不可預測的。新的人、新的地方，甚至新的餐點都可能觸發這種恐懼。

本書的主要目標是增加你的主動控制感（sense of agency），這是一種你感覺能夠掌控自己人生方向的能力。當你對自己有信心時，你知道你能應對無法預期的情況，未知變得不再那麼可怕，你的人生不再因為害怕未知而綁手綁腳。

專注冥想練習

我想要跟各位分享的最後一個練習與本書的其他練習不同，需要三天才能完成。請準備一本小筆記本記錄你的體驗。這個練習將幫助你評估恐懼在哪些方面阻礙了你，以及哪些風險是值得承擔的。

逃離害怕未知的恐懼牢籠

◆第一天：設想最壞的情況

選擇一種阻礙你過理想生活的恐懼。第一天，具體詳細寫下你害怕會發生的事情。任何時候只要出現新的想法，就寫下來。盡可能清楚描寫所有細節，捕捉你想像中可能出錯的每一件事。

◆第二天：設想益處

第二天，具體詳細寫下正視這個恐懼你將會獲得的好處。包含的細節越多，你就會越渴望得到擺脫焦慮後可以獲得的東西。你能獲得哪些好處？人際關係會如何改善？你的健康會如何得到提升？列出你能想到的所有身體、情緒、人際關係、精神以及其他方面的益處。

◆第三天：成本效益分析

第三天，比較這兩份清單。哪些結果更有可能發生？最壞情況有可能發生嗎？你可以採取什麼措施應對你想像中的負面後果？潛在的好處是否超過潛在的壞處？哪一個選擇比較糟糕：承擔風險還是失去與生活的連結？

最後，運用資源制定一個行動方案去面對你的恐懼。也許你還沒準備好一下子跳入恐懼的「深水區」，那就一小步一小步慢慢來，一次嘗試一個小小的改變去正面迎擊阻礙你的因素。使用本書提供的多種冥想方法，幫助你的大腦為過時的反應找到新的解決方案。

◆持續練習

定期練習這個冥想，以一年為期，排定時間回顧你做的筆記，慶祝你的成就。我每個月都會用這個練習督促自己不斷前進。選擇一種阻礙你參加想要嘗試的活動的恐懼。想像最壞的情況，以及最壞的情況成真時你可以做什麼。對你情緒的影響是長久還是暫時的？答案很可能是暫時的。大多數最壞情況不太可能發生，苦惱也是暫時的。如果你不面對這種恐懼，會發生什麼事？你將停留在此時此刻的狀態，那是你想要的嗎？

步驟六：走出恐懼的牢籠

蘿拉創造出了通往勇氣的路徑，從而使生活改變。她開車上高速公路，探訪妹妹，獨自去看電影和去餐廳用餐。她開始到不遠的地方旅行，參觀了俄亥俄州和印第安納州多個不同的地點。初春時，蘿拉宣布她和喪偶的妹妹打算自駕遊，她們決定不規劃路線，隨心所欲想去哪裡就去哪裡。

在那次會面之後，我沒有再見過蘿拉，但那並不是我最後一次收到她的消息。我們最後一次約見兩週後，我收到了一張來自凱利島的明信片，隨後是底特律、芝加哥、大提頓、黃石、拉斯維加斯、大峽谷、塞多納、史考茲谷（她住在一家很棒的飯店）、棕櫚灘、聖荷西、舊金山、波特蘭、奧林匹亞、西雅圖、大章克申、丹佛、托皮卡、哥倫比亞、曼菲斯、阿什維爾、威爾明頓、亞特蘭大、塔拉哈西、迪士尼世界、邁阿密、西礁島、博尼塔斯普林斯、薩尼貝爾、薩拉索塔、亞特蘭大（再一次）、希爾頓黑德島、華盛頓特區、巴爾的摩、紐約市、費城、水牛城和賓州的伊利，整個路線相當迂迴。明信片上大多只有寥寥幾個字，通常是「我在【某個新城市】」，後面偶爾會有簡短的備註如「吃了貽貝」、「住在五星級飯店」、「開車穿過伯莎山口」、「感受山裡的雪」、「看了一場戲」、「走過大峽谷的玻璃天空步道」、「吃了野牛肉」、「開過橫越坦帕灣的大橋」、「看海上日出」或「繞著倒影池走了一圈」。

收到最後一張明信片之後，四個月沒有蘿拉的消息。然後在三月底的一個星期二，我收到了沒寫回郵地址的一個信封，裡面是蘿拉拿著護照微笑的照片。沒有附上任何留言，只有一張照片。我不禁笑了起來。

蘿拉很勇敢。她體認到陌生的事物本身並不危險，那只是她落入恐懼牢籠中時信以為真的謊言。目睹丈夫的死亡讓她直面人類終極的恐懼，從而打開了一道大門，讓她得以充分活出自己的人生。每個人都能像蘿拉一樣，我們可以建立勇氣的路徑避開恐懼陷阱，擴展與他人的連結，擁抱人生。

裝著照片的最後一封信送達一年後，我收到了蘿拉的短箋。她回到了位於園景道的家，快樂安居，與朋友們開心度日。那是我最後一次收到她的來信。每次想到蘿拉就讓我心情愉悅，我知道她正在世界某處進行大冒險。

重點整理

- 小時候我們需要大人示範如何踏出舒適區進行適當的冒險。
- 我們也需要成人榜樣教我們如何克服對未知的恐懼，建立心理韌性去應對不可預測的事物。
- 如果沒有適當的榜樣，我們長大成年後可能會害怕嘗試新事物，活在恐懼所局限的狹小範圍內。
- 如果從小就被灌輸養成對未知深深的恐懼，那麼遇到陌生或無法預測的情況很有可能會被觸發。
- 在舒適區外發生的負面或可怕的經歷會加強我們錯誤的感覺，認為外面的世界充滿了危險。
- 被陌生事物觸發時，我們無法從現實的角度去思考風險，因為杏仁核給我們的選項只有三個：戰鬥、逃跑或凍結。
- 我們的文化強化了這樣的觀念：物質保障會讓我們感到更幸福、更滿足，但事實並非如此。

- 我們可以思考最壞的情況以及潛在的益處，透過比較這兩者來克服對未知的恐懼。
- 我們還可以思考萬一真的發生壞事時自己能做些什麼，從而管理對風險的恐懼。
- 即使只是踏出舒適區一小步，也會讓你遠離恐懼未知的牢籠，邁向進步，若能定期回頭檢查自己的目標則效果會更好。
- 當你走出恐懼的牢籠得到自由，就能朝著夢想的生活前進，探索你真正的極限。

增強勇氣與信心的專注冥想練習

這是我每天早上練習的冥想，親身實證其力量能夠增加勇氣和自信心。

首先找到一個舒適的姿勢。鼻子吸氣，嘴巴吐氣。經過本書一系列的專注冥想練習，你可能會發現比剛開始時更容易放鬆許多。這個最後的練習將在你迎接新的挑戰時增強你的勇氣和自信，擺脱曾經讓你陷入困境的循環。

◆3分鐘時間到

現在你更放鬆了，想像在你身後有三排觀眾席。在最高的一層，想像所有愛、療癒和善良的源頭，可能是上帝、其他精神導師或理想。如果你不相信上帝或其他精神信仰，那就把愛的力量想像成純粹的能量。想像愛的溫暖和喜悅向你湧來，沐浴在那種安全感和幸福感當中。

◆6分鐘時間到

現在想像第二排觀眾席，比第一排低一些。這一排坐著你敬仰崇拜的歷史人物，可能是聖人或先知、教師或導師、作家或音樂家，曾經帶給你啟發、讓你感受到善的任何人。把他們一一放在觀眾席上，允許從上一層傳來的愛與他們的愛結合成更大的力量，讓這股善與滋養的能量流動，環繞你、進入你、通過你。

◆ 9分鐘時間到

在第三排也是最底層的觀眾席上，坐著那些愛過你但已不在世上的人，可能是一路上幫助過你的老師或導師，或者是家人：父母或祖父母、兄弟姊妹或表親。曾經對你照顧有加的朋友也加到這一排。想像他們所有的愛與關懷與上面兩排的能量結合在一起，這份愛是多麼龐大！讓它在你周圍流動，在你心中填滿喜悅。

◆ 11分鐘時間到

接下來，想像在你面前有一排椅子，坐滿了還在世的人，那些愛你、鼓勵你、滋養你，向你表達愛意的人。讓來自你身後觀眾席的溫暖和愛流經你，傳到面前第一排的人身上。用接納和感激之情包圍他們。用你的眼睛掃視這些人的臉，每次呼吸時對自己說：「我把流經我的愛獻給你。」花點時間感受能量流入每個人的身體裡。

◆13分鐘時間到

在冥想的最後階段，想像你面前的第二排椅子坐滿了那些你覺得難以去愛的人，那些傷害過你、不值得信任，甚至危害你福祉的人。看著每一個人，給予他們與第一排同樣的愛，讓自己從這個安全的距離去愛他們，你知道在這個專注冥想中沒有人能傷害你。一個一個給予他們愛。

繼續冥想，你會發現隨著時間推移，你可能會以新的眼光看待那些你曾經不喜歡甚至厭惡鄙視的人。你的同理心可能會增長。

你的同情心可能會增加，對他們的負面情感減弱。事實上，你可能會邀請一些後排的人移到前排那些目前愛你、滋養你的人當中。在後排的人越少，表示你內心不再害怕他們。倒不是說把他們移到前排以後，有他們在外面的世界就變得安全，而是隨著你的大腦發育出更多的神經通路，你就不會像過去那樣害怕他們。

結語

在花園中那個顛覆我整個人生的日子已經過去了將近二十年——那一天，我終於面對了自己被嚴重背叛以及婚姻失敗的事實。當時的我手無寸鐵，沒有能力處理這種情況，但在應對的過程中，我開發出了塑造勇敢大腦的方法，這套方法不僅撫慰了我大腦中的深層童年創傷，也成為我應對後續挑戰的工具。

離婚後，我被診斷出兩種乳癌，兩次確診相隔十年。如果你或你愛的人曾經聽過類似的噩耗，應該能理解那種從內心噴發出的恐懼感。我最初的反應是被觸發，思緒又開始走上自我毀滅的老路，產生了深深的受害感。為什麼是我？為什麼我必須經歷手術、放射治療和化療？而且還不只一次而是兩次？

還好，由於塑造勇敢大腦的方法已經深植我心，我的大腦已經準備好重新調整路線，我很快能夠把自己帶回到當下，擁有所有成年人的能力。「為什麼是我？」這個問題迅速變成了「為什麼不是我？」癌症可能侵襲各種年齡、性別和種族背景的人，我不是獨一無二也沒有特別之處，我對疾病或悲劇並不免疫。

我要澄清一下：如果癌症是一份禮物，我會敬謝不敏地退還。但是如同任何危機，蘑菇雲背後總有一線希望。當人們向我伸出援手時，我被愛包圍。那些表達關心的人增強了我內在的信心。是的，我感到非常脆弱，但我記得我能夠處理這種脆弱。我當然不想死，但死亡的念頭不再讓我因恐懼而癱瘓。

當我妹妹罹患成人發病的第一型糖尿病時，我的情緒地雷再次瀕臨觸發。我一生最大的恐懼就是失去她，甚至超過了對自己死亡的恐懼。她是唯一一個與我共享童年最深的創傷和喜悅的人，我們的關係將我與我的過去連結起來。

可是，我知道我無法控制她的健康，也無法在她從事私家偵探的工作時保護她。塑造勇敢大腦的療程讓我接受了這一點。雖然失去她的想法仍然讓我感到害怕，但我有信心自己有足夠的能力應對喪親，這種信心使我能夠享受與妹妹、女兒以及所有我愛的人共處的時光，不再恐懼。

我真心希望你能領會這本書傳遞的訊息。你的大腦被過去的痛苦塑形，但這並不決定你的未來。你可以選擇過沒有恐懼的人生。透過冥想練習的訓練，你有能力創造勇敢的大腦，過著真正勇敢的人生。

專注冥想練習大全

＊此處集結了原本分散在書中各章的冥想練習，方便各位繼續練習冥想。

專注冥想練習

恐懼牢籠一號：逃離害怕孤獨的恐懼牢籠

下面是一個十五分鐘的練習，建議你先讀完整個練習的過程，然後設定計時器提醒自己進入下一部分。你可能需要練習一到兩次才能掌握訣竅，但只要天天練習冥想，你將有能力改變大腦，創造新的路徑，踩到地雷時將能夠更快恢復，多多練習甚至可能完全避開地雷。

◆ 開始

首先選擇一個舒適的姿勢。鼻子吸氣，嘴巴吐氣。你的呼吸可能很淺，主要是從胸腔呼吸。把注意力集中在深呼吸到腹部。你可能需要花一點時間才會足夠放鬆，肚子隨著每次緩慢呼吸而擴張和收縮。繼續用鼻子吸氣，嘴巴吐氣。

◆ **5分鐘時間到**

現在你更放鬆了，想一想在你生命中讓你感到安全的一個人，不論是過去還是現在，可以是你最好的朋友，也可以是你的孩子、配偶、老師，或曾經在某方面給你指引的人。

一面呼吸一面想著這個人。深呼吸數次後，現在想像有一條看不見的線，從你的心連接到對方的心。感受這種連結，感受他們的臨在和接納帶來的溫暖。讓他們的愛滲透你的身心靈。（取材自《看不見的線》〔*The Invisible String*〕，作者派翠西亞・卡斯特（Patricia Karst），Little, Brown Books for Young Readers，二〇〇〇年出版。）

◆ **7分鐘時間到**

再選一個讓你感到安全的人，保持與第一個人連接的線，然後連接另一條線到第二個人。想一想這個人，想一想你感受到的接納和愛。同樣可以是任何人：你的工作夥伴、親戚或兒時的朋友。

一面呼吸一面想著這兩個人。讓自己吸收透過連接線傳遞的愛，兩條線連接著兩個愛你、讓你感到安全的人。記住，當你感到害怕時，很容易覺得孤單，即使在你的生活中有人接納你、愛你。

◆ 9分鐘時間到

在你的冥想中加入第三個人。想想另一個在過去或現在為你提供養分的人。選擇一個讓你感受到鼓勵和希望的人。

可以是一個激勵你盡可能實現自我的人，一個在困難時刻依然相信你的人，一個當你孤單害怕時可以仰賴的人。連接一條線到他們身上，知道他們永遠在你身邊，或許現在就在你的生活中，或許是陪伴在你的記憶中。靜靜坐在這三個人帶來的溫暖中。

◆ 11分鐘時間到

保持與這三個安全和充滿愛的人之間的連結。想像你自己是第四個人，接受自己，愛你自己。把自己加到這個圈子中，這樣就有四個人透過線與你相連。給自己你需要也應該得到的愛與接納。

- 吸氣時說：「我完全接受自己。」
- 吐氣時說：「我很堅強，有能力。」
- 重複肯定：
- 我完全接受自己。
- 我很堅強，有能力。

◆14分鐘時間到

雖然感覺可能只是一小步，但經過這次冥想，你已經發生了變化。你的大腦得到了安撫，恐懼中心已經轉移，前額葉被啟動。一條雖然還小但確實存在的新神經通路已經形成，每次做這個冥想練習都會強化這條通路。

現在動一動你的手指和腳趾，慢慢把自己帶回外面的世界。再深呼吸幾次。你現在已經準備好重新投入生活，充滿新的能量去面對你遇到的任何事情。

◆冥想完成

這個冥想建議你每天都做，持續四十天，強化神經通路，在你的大腦中養成新的習慣。當你感到孤單時，會更容易安撫自己，提醒自己生活中有人愛你。最重要的是，你會更容易記住你愛自己，相信你自己的力量和韌性。

恐懼牢籠二號：逃離害怕被拒絕的恐懼牢籠

開始這十五分鐘的冥想之前，請選擇一個非常幸福的時刻，你感受到毫無保留的愛與接納。然後選擇一個你感到被拒絕但是沒有到嚴重踩雷的經歷。在心裡面想好這兩段回憶，然後就可以開始這個冥想練習了。

◆開始

首先找到一個舒適的姿勢，手臂和腿自然放鬆不交疊。鼻子吸氣，嘴巴吐氣。你可能呼吸很淺，主要是從胸腔呼吸，請把注意力集中在深呼吸到腹部。你可能需要花一點時間才會足夠放鬆，肚子隨著每次緩慢呼吸而擴張和收縮。繼續用鼻子吸氣，嘴巴吐氣。

◆5分鐘時間到

現在你更放鬆了，想一想你生命中曾經感到被接納和安全的一次經歷，可能是和某個特別的人在一起，或者是在一個讓你有歸屬感的團體中。隨著呼吸的節奏，回憶這段經歷。用所有的感官描述你所見、所感、所聞、所聽，盡可能完整體驗這段回憶。沉浸在這段記憶中，讓自己感受到安詳、被愛、被接納。

◆ **8分鐘時間到**

現在改為專心想你曾經感到輕微被冷落或拒絕的經歷。同樣地，這個經歷可以包括一到多個人，也許是在一群朋友中感到無法融入或尷尬。用所有感官描述你所見、所感、所聞、所聽，盡可能完整體驗這段回憶。沉浸在這段記憶中，允許自己感到不舒服和不被接納。

不要迴避，而是敞開心胸擁抱這一切。

當你注意到你的負面情緒在減退，你會知道你的大腦對這段記憶已經變得不敏感了。設定計時器提醒自己十二分鐘時間到，如果情緒依舊強烈，那麼明天再用同樣的回憶進行這個冥想，每天持續練習到強烈的情感反應消退為止。

◆ **12分鐘時間到**

把注意力轉回到你為這個練習選擇的正面回憶，回到你感覺完全被愛和接納的狀態。

盡可能真實重現這段記憶，感受你身上穿的衣服，聞一聞空氣中的香味。如果是正在吃東西的回憶，回想一下食物的味道，聆聽歡聲笑語，吸納別人對你展現出的善意。

◆14分鐘時間到

現在動一動手指和腳趾，慢慢把自己帶回此時此刻。再深呼吸幾次。你現在已經準備好重新投入生活，同時更加堅信自己是安全的，內心祥和寧靜。

◆15分鐘時間到

經過這次冥想，你已經改變了。雖然你的大腦可能還沒有完全對這段記憶變得不敏感，但你的大腦已經得到了撫慰。大腦恐懼中心的能量已經下降，前額葉啟動。

如果這個冥想對你有幫助，我建議你找出情緒強度更高的記憶重複練習。如果某段記憶太過痛苦或難受，最好找治療師全程陪伴。我們的目標是變得不敏感，而不是被打倒。

當我們控制了恐懼的記憶，大腦就會開始重塑神經通路。

恐懼牢籠三號：逃離害怕起衝突的恐懼牢籠

這個十五分鐘的練習，目標是幫助你面對害怕起衝突的恐懼，重複練習越多次，你的大腦在衝突出現的時候就能越快冷靜下來。這個練習將增強你大腦中批判性思考和同理心的部分，從而創造雙贏的局面。在開始練習之前，請先找到一個不會受打擾的舒適場所。

◆開始

找到一個不受干擾的舒適地方後，開始深呼吸，鼻子吸氣嘴巴吐氣。從頭到腳掃描你的身體，注意哪些部位正在承受壓力。

你可能會覺得肩頸或者臉和下巴緊繃。深吸氣送到這些部位，允許自己放鬆。你是安全的、有能力的，沒有必要再緊緊抓住這些壓力不放。

沿著你的身體往下移動到肩膀和手臂、手掌和手指，發現任何壓力或緊張的感覺就加以釋放。注意你的呼吸，是淺而快還是深而慢？花點時間放慢呼吸，逐漸加深呼吸，直到看見呼吸時腹部起伏，而不是肩膀在動。

現在專注於你的身體中段。體內是否有任何壓力？是否感覺到疼痛？把注意力集中到背部。你的肩胛骨之間有壓力嗎？深呼吸讓肌肉放鬆。接下來移動到中背部和下背部。再次想像把呼吸送到這些肌肉，釋放所有緊張。

往下移動到骨盆區域和臀部。這些大肌肉是不是保持緊張狀態？讓呼吸充滿你的核心肌群緩解壓力，把壓力轉換為有能力的感受和個人力量。

繼續往下到大腿、膝蓋和小腿，先專注於右腿，然後是左腿。轉動雙腳，動一動腳趾，讓壓力從你的身體流出，進入地板。

◆5分鐘時間到

今天的重點是在你心中打下自信、同情心和勇氣的地基。想一想你想要跟誰討論尚未解決的問題。我們常會從焦慮的角度出發，想像談話中可能發生的最壞情況。現在請反過來想一想這個人擁有的最好的特質，找出這個人身上你尊重和喜歡的具體例子。如果你和這個人的關係特別惡劣，可能只找得到一、兩個好的特點，但是無論如何請選擇你真心尊重的特質。

保持內心平和的狀態，問自己：「這個人的什麼地方讓我喜歡？」

答案可能是：「我喜歡他的職業道德」或「我喜歡她照顧孩子的方式。」

在接下來的幾分鐘內，對自己重複這種肯定。

- 吸氣時，問：「這個人的什麼地方讓我喜歡？」
- 吐氣時，說：「我喜歡【填空】。」允許自己對這個人抱有正面的感受。
- 吸氣：「這個人的什麼地方讓我喜歡？」
- 吐氣：「我喜歡【填空】。」

專注於這個正面的特質，越來越確信這是真的。

如果你發現你的思緒轉移到了你不喜歡這個人的地方，就溫和地把注意力拉回正面。

讓自己對他們產生同理心，對他們做出最好的假設。

◆8分鐘時間到

現在該輪到你專心承擔起自己這一方的責任。你應該負責了解自己，然後幫助別人了解你的想法和感受。如果你不說出你的感受或需求，別人就無法回應。責任在你身上，而不是由別人去猜測或讀你的心。

- 吸氣時，問：「我想要或需要從這個人身上得到什麼？」
- 吐氣時，回答：「我想要或需要【填空】。」

重複這個過程，請注意，隨著每一次呼吸，你變得越來越有自信。重複練習時加上你需要或想要從這個人身上得到的其他東西。允許自己相信這個人能夠以正面的態度回應你的要求。

◆11分鐘時間到

想像你正在與這個人交談，讓他們知道你想要或需要什麼。同時繼續深呼吸，尤其是當你的心思集中在最壞的情境時。提醒自己，無論這個人如何回應，你都能照顧好自己。

- 吸氣時，向自己表達肯定：「我會盡力而為。」
- 吐氣時，說：「無論結果如何，我是安全的，我很安心。」

重複向自己表達肯定，同時注意你的呼吸。你的呼吸有沒有變淺？或者還是保持深呼吸？一面重複肯定一面用心掃描全身，注意任何緊張的部位。讓肯定的話語對那些緊張的部位說話，為整個身體帶來放鬆和信心。

◆14分鐘時間到

慢慢把自己帶回外面的世界，再深呼吸幾次。

◆15分鐘時間到

經過這次冥想之後，你對自己和對方有什麼感受？定期重複這個練習，能夠增加你對處理衝突的信心，你也會發現更容易用冷靜的態度談論你的感受、需求和擔憂。等到你對「必須面對不舒服的情況」這件事不再那麼焦慮，你會更能夠忠於自己的感受，減少憤怒或防衛心很強的表達，無論結果如何都能應對。新的神經通路將會形成，並且更容易對對方抱有善意假設。如果他們沒有按照你希望的方式回應，也不會動搖你對自己的信心，你還是能相信自己是有能力的，是誠實正直的。

恐懼牢籠四號：逃離害怕被忽略的恐懼牢籠

當你感覺自己的需求沒有得到滿足時，這個十四分鐘的練習可以提醒你自身的力量和能力，日積月累的練習能讓你重新獲得安全感，設立界限保護自己的需求，並且能夠向周圍的人傳達你的需求。

◆開始

找到一個舒適的姿勢，手臂和腿自然放鬆不交疊。鼻子吸氣，嘴巴吐氣。你可能呼吸很淺，主要是從胸腔呼吸，請把注意力集中在深呼吸到腹部。可能需要花一點時間，你才會足夠放鬆，肚子隨著每次緩慢呼吸而擴張和收縮。繼續用鼻子吸氣，嘴巴吐氣。

◆5分鐘時間到

現在你更放鬆了，請想像自己作為一個成年人，和小時候的自己坐在一個房間裡。當這幅畫面出現在你腦海中時，注意你是幾歲？穿著什麼衣物？你的感覺如何？

- 吸氣時，對小時候的自己說：「你很安全，因為……」

- 吐氣時說：「我在這裡陪著你。」
- 根據你的需要重複多次。
- 吸氣時說：「你很安全，因為……」
- 吐氣時說：「我保護你。」

根據你的需要重複多次。

- 接下來在吸氣時說：「你很安全，因為：」
- 吐氣時說：「我關注你的需求。」
- 根據你的需要重複多次。
- 吸氣時說：「你很安全，因為……」
- 吐氣時，說出你腦海中出現的任何肯定的保證。

根據你的需要重複多次。

在接下來的幾分鐘內，重複這些保證，或者自己發想適合小時候的你需求的肯定保證。

身為成年人的你有能力保護你的內在小孩，允許自己感到安全和被保護。

◆10分鐘時間到

想像你處在當下，對自己溫柔地說話，用新的肯定句取代負面的自言自語。

- 吸氣時說：「我的需求很重要，因為……」
- 吐氣時說：「我是一個有價值的人。」

根據你的需要重複多次。

- 吸氣時說：「我讓別人知道我的需求，因為……」
- 吐氣時說：「我是能勇敢發聲的成年人。」

根據你的需要重複多次。

- 吸氣時說：「我很安全，因為……」
- 吐氣時說：「我要設定界限保護自己。」

根據你的需要重複多次。

繼續練習，填入能夠增強你安全感的句子。你不是隱形人。你是一個重要的人，應該得到安全的保護，你的需求應該被滿足。

◆14分鐘時間到

現在把你的注意力帶回當下。經過這次冥想，你的內在世界已經改變了。你的大腦得到了舒緩，恐懼中心停止活動，新的神經通路形成。每一次練習這個專注冥想都會加強這些通路。

持續練習，你將更能夠在感到被忽略或沒有人了解你時安撫自己。你越關注自己，越了解自己，就越能與別人分享你的需求。你越愛自己，就越能相信自己的價值和尊嚴。

現在活動一下你的手指和腳趾，慢慢把自己帶回到外面的世界。

再深呼吸幾次。現在你已經準備好以自信的姿態投入生活，充滿新的活力，並且有能力為自己發聲。

恐懼牢籠五號：逃離害怕失敗的恐懼牢籠

這個十五分鐘的冥想，目的在讓你擺脱對失敗的恐懼，藉由練習冥想強化大腦中承認和肯定自己優點的神經通路，讓反射性自我譴責的舊習慣失去力量，自我接納得到增強。

◆開始

找到一個舒適的姿勢，手臂和腿自然放鬆不交疊。鼻子吸氣，嘴巴吐氣。注意當你慢慢吸氣吐氣時身體的感覺。

選擇一個身體部位作為呼吸時的焦點。你可以專注於鼻尖，感受空氣進出的感覺。你可以專注於胸腔如何隨著每次呼吸起伏，或是專注於腹部的擴張。

選好一個身體部位就把注意力維持集中在那個地方。繼續慢慢吸氣和吐氣。吸氣，吐氣。

如果你發現思緒脱離了焦點，輕輕地把注意力拉回來。讓所有焦慮的念頭飄走。釋放所有的壓力。你正處於你應該在的地方，做著你和你的身體需要你做的事情。

◆ 5分鐘時間到

今天我們要處理內在的批評者，我們大多數人腦袋裡都有這種不斷自我批評的聲音，我們要開始從自我批評轉向感恩的狀態。當我們對自己說一些糟糕的話時，很難感覺自己夠好。現在你已經讓自己的心靈和身體平靜下來，所以內在批評者可能很安靜。或者也有可能儘管你一直在冥想，負面情緒依然強烈。

- 在這種放鬆的狀態中，問自己：「我喜歡自己的什麼地方？」
- 你可以回答：「我喜歡我關心別人的方式」，或「我喜歡我頭髮的顏色。」

在接下來的幾分鐘內，對自己重複這個肯定句。

- 吸氣時問：「我喜歡自己的什麼地方？」
- 吐氣時回答：「我喜歡【填空】。」

允許自己感到被接納，被愛，知道你有很多正面的特質。

- 吸氣：「我喜歡自己的什麼地方？」

・吐氣：「我喜歡【填空】。」

專注於這個正面的特質，越來越相信這是真的。如果你發現內在批評者在找碴跟你爭論，不要參與對話，只要把注意力轉回到正面的肯定句。

◆8分鐘時間到

現在轉為專注於另一個正面特質。

・吸氣時問：「我喜歡自己的什麼地方？」

・吐氣時說：「我喜歡【填空】。」

選擇一件你做得好的事、一個成功的時刻，或你知道自己很棒的地方。讓這個肯定自我的句子深深沉入你的心裡。

・吸氣：「我喜歡自己的什麼地方？」

・吐氣：「我喜歡【填空】。」

專注於這個正面的特質，越來越相信這是真的。如果你發現內在批評者在找碴跟你爭論，不要參與對話，只要把注意力轉回到正面的肯定句。

◆ **11分鐘時間到**

現在轉為專注於感恩。研究發現，表達感激之情的同時說明感恩的原因，比起單純表達感謝更能增進我們的幸福感。

・吸氣時，問：「我感恩什麼？」

・吐氣時，說：「我感恩因為【填入具體原因】。」不一定是什麼大事，可能是感謝在快要遲到時找到一個好的停車位。

以上重複兩次。

◆ **14分鐘時間到**

慢慢把自己帶回外面的世界，再深呼吸幾次。

◆15分鐘時間到

經過這次冥想之後，你對自己感覺如何？定期重複這個冥想練習能提高你的自尊心，你也會發現更容易扭轉內在批評者對自己的批評。當你在內心聽到對自己的負面評價時，可以選擇你在這個冥想練習中列舉的一個肯定句，把注意力集中在正面的肯定。

重複這個冥想練習的次數越多，正向的神經通路會變得更強，你將在大腦中建立一個新的習慣，當你對自己感覺不好時，會更容易意識到自己夠好。你可以提醒自己，你有能力控制內心批評的聲音。你不必刻意消除這個聲音，它愛說就讓它去說，你只要把注意力轉移到其他地方就好。現在你已經準備好帶著全新的能量重新投入生活，迎接你面臨的任何挑戰。

恐懼牢籠六號：逃離害怕未知的恐懼牢籠

我想要跟各位分享的最後一個練習與本書的其他練習不同，需要三天才能完成。請準備一本小筆記本記錄你的體驗。這個練習將幫助你評估恐懼在哪些方面阻礙了你，以及哪些風險是值得承擔的。

◆第一天：設想最壞的情況

選擇一種阻礙你過理想生活的恐懼。第一天，具體詳細寫下你害怕會發生的事情。任何時候只要出現新的想法，就寫下來。盡可能清楚描寫所有細節，捕捉你想像中可能出錯的每一件事。

◆第二天：設想益處

第二天，具體詳細寫下正視這個恐懼你將會獲得的好處。包含的細節越多，你就會越渴望得到擺脫焦慮後可以獲得的東西。你能獲得哪些好處？人際關係會如何改善？你的健康會如何得到提升？列出你能想到的所有身體、情緒、人際關係、精神以及其他方面的益處。

◆第三天：成本效益分析

第三天，比較這兩份清單。哪些結果更有可能發生？最壞情況有可能發生嗎？你可以採取什麼措施應對你想像中的負面後果？潛在的好處是否超過潛在的壞處？哪一個選擇比較糟糕：承擔風險還是失去與生活的連結？

最後，運用資源制定一個行動方案去面對你的恐懼。也許你還沒準備好一下子跳入恐懼的「深水區」，那就一小步一小步慢慢來，一次嘗試一個小小的改變去正面迎擊阻礙你的因素。使用本書提供的多種冥想方法，幫助你的大腦為過時的反應找到新的解決方案。

◆持續練習

定期練習這個冥想，以一年為期，排定時間回顧你做的筆記，慶祝你的成就。我每個月都會用這個練習督促自己不斷前進。選擇一種阻礙你參加想要嘗試的活動的恐懼。想像最壞的情況，以及最壞的情況成真時你可以做什麼。對你情緒的影響是長久還是暫時的？

答案很可能是暫時的。大多數最壞情況不太可能發生，苦惱也是暫時的。如果你不面對這種恐懼，會發生什麼事？你將停留在此時此刻的狀態，那是你想要的嗎？

致謝

這本書的寫作過程是許多人陪伴我同行的一場冒險，尤其是這是我的第一本書。首先，我要感謝我的女兒麗姿（Liz）和瑪麗亞（Maria），感謝你們無條件的鼓勵和無休止的星巴克跑腿服務。

其次，我要感謝大衛・福瑞斯特（David Forrester）創造了情緒治療矩陣（Matrix）為我的塑造勇敢大腦療程奠定了基礎。沒有你的慷慨支持，這本書不可能誕生。

我也要感謝許多案主與我分享了他們的恐懼、掙扎和勝利。你們比自己意識到的更有勇氣，我很榮幸能成為你們旅程的一部分。

與貝瑞鮑威爾出版社（Berry Powell Press）團隊合作非常愉快。我要感謝卡門・貝瑞（Carmen Berry）在我的初稿中看到了願景，並且協助我築夢。還要感謝凱洛琳・瑞福蒂（Carolyn Rafferty）的影片專業知識。沒有編輯怎能成書？所以我要感謝艾比蓋兒・丹格勒

（Abigail Dengler）、維樂理・巴恩斯（Valeri Barnes）、瑪麗安・昆其斯特（Marianne Croonquist）、凱斯琳・泰勒（Kathleen Taylor）、艾希莉・瓊斯（Ashley Jones）、審稿的朵潤・米奇勒斯基（Doreen Michleski）以及校對的布萊特・沃克曼（Bret Workman）和柯琳・哈南（Coleen Hanna）博士，謝謝你們使這一切成真。我還必須感謝貝琪・瑞其特（Becky Rickett）設計了美麗的封面和我的網站。感謝羅伊・卡利斯勒（Roy M. Carlisle）為整個寫作案提供諮詢。

最後我要感謝摩卡（Moca）、恩佐（Enzo）和法蘭基（Frankie）在我打電腦工作時為我的腳保暖。

國家圖書館出版品預行編目（CIP）資料

走出恐懼牢籠：打造大腦新迴路，不再因為害怕失敗、孤獨、未知、衝突而人生卡關／南希・史戴拉（Nancy Stella）著；葛窈君譯. -- 初版. -- 新北市：方舟文化，遠足文化事業股份有限公司，2025.05
248面；14.8×21公分. --（心靈方舟；64）
譯自：Fear Traps : Escape the Triggers That Keep You Stuck.
ISBN 978-626-7596-84-5（平裝）

1.CST：恐懼　2.CST：心理治療　3.CST：臨床心理學
178.8　　114004686

心靈方舟0064

走出恐懼牢籠

打造大腦新迴路，不再因為害怕失敗、孤獨、未知、衝突而人生卡關

Fear Traps : Escape the Triggers That Keep You Stuck

作　　者　南希・史戴拉
譯　　者　葛窈君
封面設計　FE Design
內頁設計　Atelier Design Ours
內頁排版　吳思融
主　　編　錢滿姿
特約行銷　許文薰
總 編 輯　林淑雯

出 版 者　方舟文化／遠足文化事業股份有限公司
發　　行　遠足文化事業股份有限公司（讀書共和國出版集團）
231新北市新店區民權路108-2號9樓
電話：（02）2218-1417
傳真：（02）8667-1851
劃撥帳號：19504465
戶名：遠足文化事業股份有限公司
客服專線：0800-221-029
E-MAIL：service@bookrep.com.tw
網　　站　www.bookrep.com.tw
印　　製　中原造像股份有限公司
法律顧問　華洋法律事務所　蘇文生律師
定　　價　400元
初版一刷　2025年5月